La mochila del soñador

Alejandro Berroa Bello

LA MOCHILA
DeL SOñADOR

La mochila del soñador
Alejandro Berroa Bello
filosofoabb09@hotmail.com
Whatsapp: (829) 537-0936

ISBN: 978-9945-614-87-9
2019

ÍNDICe

Dedicatoria

A mi familia
A mis amigos
A los dominicanos residentes en el extranjero
A todos los soñadores de hoy y de mañana

Agradecimiento

A La Fuente de la vida y de los sueños
A Irianny y Yaniel, motores que impulsan soñar
A mi hermano Gregorio Berroa Bello
A mi sobrina Lisania Medina Berroa
A mi sobrino Ángel Frankel Berroa lagual
Al filósofo Pedro Iván Ventura
Al profesor Cristino Rosario
Al periodista Freddy de León Bello
A la profesora Epifania Martínez de la Cruz
A los que creen en mí y en mis sueños

PRÓLOGO

DeSDe qUe comencé a leer La Mochila del Soñador, el más reciente libro producido por la prosa inteligente y bien cultivada de Alejandro Berroa Bello, pude percatarme de que los amantes de la lectura tendrán en sus manos una obra "Clasificación A, apta para toda la familia".

Con manejo absoluto de la palabra, Berroa baña de poesía y filosofía el citado libro, en el cual nos demuestra con sabiduría, de manera didáctica como educador al fin, que de nada sirve habitar este mundo sin llevar acuestas los sueños; sin importar género, edad o religión.

Con su don de expresarse, este autor nacido –al igual que yo, en Los Botados–, en esta novela hace mucho más que una síntesis, en el tema de la superación personal. Ya había publicado "Si Supieras quién Eres... Claves para subir a la montaña de la felicidad" y "Grandes Razones para Vivir", del mismo género que éste.

Berroa en esta obra, deja establecido que soñar debe ir abrazado de la perseverancia y que, casi resulta imposible que quien lo tenga presente se marche al otro mundo sin materializar la meta trazada.

La Mochila del Soñador está repleta de sueños de su propio autor, quien, en su insistencia en cada uno de los párrafos lo deja saber de manera magistral y lo comparte con nosotros. Ello constituye un elemento de singular importancia, puesto que demuestra sus dotes de hombre bondadoso, cualidad esta, que de seguro le inculcaron sus padres.

La obra en cuestión, con olor a campo, a montaña, a ríos..., deja un mensaje con claridad meridiana, en el sentido de que los sueños son tan, pero tan importantes, que prolongan la vida.

"En la medida en que soñamos y con nuestras acciones vamos haciendo nuestros sueños realidad, vamos encontrando la felicidad", dice.

Otro aspecto a destacar en La Mochila del Soñador, es la cohe- rencia en la narrativa que en todo el trayecto del libro le imprime su autor, una clara demostración de la dedicación empleada a lahora de plasmar cada palabra, cada frase.

También los lindos poemas con que cuenta esta novela, le imprimen más dinamismo, lo que de seguro atrapará con mucha más facilidad ese segmento poblacional que ama este género.

Con La Mochila del Soñador, su autor logra que nos familiaricemos con nombres como: Yandy, Mariani, Andrés, Idalia, Ramón, Yorbiris y el profesor Venable, además de que nos regala todas las herramientas necesarias para soñar y vivir como Dios manda: como princesas y príncipes.

En fin, Alejandro Berroa Bello acaba de construir un monumento literario con el cual vamos a valorar la perseverancia, ya que nos convoca a soñar de pie, sentados y acostados para alcanzar el éxito.

Fredy de León Bello
Periodista y escritor

Voces

A CONTINUACIÓN, las voces de las primeras personas que leyeron esta historia, expresando sus pareceres acerca de la misma:

Tuve el placer de leer La mochila del soñador, de mi querido amigo Alejandro Berroa Bello. Es un maravilloso libro que de seguro será de mucho deleite para todas aquellas personas amantes de la buena lectura, pero sobre todo para los grandes soñadores que sin importar su estatus social son capaces de lograr sus más anhelados sueños.

Te invito a leer éste magnífico libro del cual no te vas arrepentir. Al final te darás cuenta de que VALE LA PENA SOÑAR". A mí me dio seguidilla, no quería parar de leer, y ya quiero leerlo de nuevo.

Epifania Martínez de la Cruz
Maestra

•   •   •

CUANDO BUSQUES una historia sentimental, donde el predominio lo tenga la razón, "La mochila del Soñador" es el texto ideal. Esa historia transporta a la imaginación por lugares sanos, ambientes vírgenes y vegetación pura, mientras el predominio de la razón se pone de manifiesto en la búsqueda de la superación personal a través de la realización de los sueños, que es el eje transversal de toda la trama recorrida en el texto.

"La mochila del soñador" debe convertirse en libro de cabecera de cada ser humano que ama su país, porque además de referirse a importantes problemáticas sociales, despertar la añoranza de un medio ambiente sin contaminación y promover la sana convivencia y la solidaridad entre los ciudadanos, ayuda a educar la imaginación.

Cristino del Rosario V.
Maestro

. ● .

EN eSTe estupendo libro, el cual sin duda ha de ser uno de los mejores legados del autor, se nos hace una invitación clara a superar los miedos y los obstáculos que hacen que muchos desistan en la búsqueda de la realización de sus sueños, y luchar con ahínco por la consecución de los objetivos que nos trazamos.

Agradezco a mi amigo Berroa por el maravilloso regalo que le hace a la sociedad de hoy y de mañana.

Pedro Iván Ventura
Filósofo

La mochila del soñador

Capítulo I
EL SILeNCIO DeL GALLO y LOS TReS CAMINOS

...Se sentó sobre una roca, abrió la mochila y
tomó un libro que de inmediato empezó a leer.

AMANeCÍA DeSpACITO y casi en absoluto silencio. Esa vez el gallo de Andrés no entonó el canto mañanero con que solía avisar a los de su especie que ya era hora de despertar a Cuance, comunidad de gente afable y laboriosa que vivía entre inmensos cacaotales, adornados por las bellas flores de gigantes amapolas que lucían imponentes entre aquellas montañas; pues el frío ocasionado por una prolongada llovizna, lo obligó a cerrar su pico y meter la cabeza debajo de una de sus alas.

Muy cerca del pequeño río de aguas turbias y chorreras espumantes, en una casa modesta con paredes de amapola y techo de zinc viejo y oxidado, Yandy dormía profundamente. Estaba arropado desde los pies hasta la cabeza con la sábana de retazos que con indescriptible amor le confeccionó Idalia, su dulce madre cuando él tenía apenas 15 años. De repente la voz potente de Andrés Ramírez, su padre, lo hizo saltar de la cama.

—Levántese todo el mundo, que ya e´ demasiado tarde –gritó su progenitor.

—Pero todavía el gallo no ha cantado –replicó Idalia.

—Parece que a él también le cogió el sueño, pero de que ya amaneció, amaneció.

—¿Y qué le habrá pasado?

—A lo mejor tenía frío, como nosotros. Tú sabes que pasó la noche entera lloviendo.

Mientras conversaban, Idalia se incorporó, hizo algunas cosas muy personales además de cepillar sus dientes, lavarse la cara y peinar su larga y abundante cabellera negra y se dispuso a preparar café en el fogón que ya Andrés había encendido. Ambos se acomodaron alrededor de las llamas con el fin de calentar sus cuerpos. Mientras conversaban, Yandy se les acercó.

—Buenos días. Bendición mamá, bendición papá –dijo, haciendo una solemne genuflexión, muestra de respeto.

—Dios te bendiga –le respondieron a una sola voz.

Juntos, los tres se tomaron el café muy caliente. Minutos más tarde Idalia preparó un nutritivo desayuno (yautía blanca con huevo de gallina criolla). Finalizado el desayuno, empezaron a dispersarse.

Andrés tomó su machete, lo enfundó en la vaina que tenía ceñida en su cinto, luego agarró su enorme sombrero de paja, lo colocó en su pecho y mientras acariciaba sus bordes hizo una breve oración, se persignó y dijo:

—Nos vemos.

—Vete con Dios –le respondió su amada.

Él se perdió entre el inmenso cacaotal, aún caía una ligera llovizna, pero sabía que ya era el momento de ir a ordeñar la vaca.

Cuando el cielo se despejó y el sol pudo mostrar sus tímidos rayos, eran aproximadamente las diez de la mañana. A esa hora Idalia le pidió a Yandy que le aparejara el caballo; él lo hizo rápidamente y colocó sobre el viejo aparejo unas árganas que su madre había hecho con pencas de guano, ya que era muy buena artesana.

La montura ya estaba lista cuando Idalia salió de su aposento con un manto que cubría su larga cabellera y un pantalón bien largo debajo de su falda. Ella tomó una silla, la puso al lado del manso animal, la utilizó como peldaño y con extraordinaria facilidad se montó en el caballo.

Al ver que su madre se alejaba sin informar a dónde iba, Yandy la llamó con cierto tono de preocupación:

—¡Mamá!

—¿Qué fue, mi filósofo?

—Todavía no me ha dicho para dónde va tan bonita y tan de prisa.

—¡Ay, verdad! Se me estaba olvidando. Yo voy a Siete Picos a cumplir con una comadre que se le murió una tía que era como su madre. Hoy son los últimos rezos.

—Okey. Vaya con Dios, mi reina.

—Y de por ahí voy a ver un enfermo en Máyiga.

—Esa es mi madre. La mujer más solidaria del mundo –gritó Yandy.

—Bueno mi hijo, hay que cumplir. Espero que aprendas mucho, allá en la conferencia.

—¡Amén! Bendición mamá.

—Dios te bendiga.

Bastó con que Idalia sacudiera las riendas del caballo para que éste saliera casi trotando por el camino estrecho y resbaladizo.

Yandy entró a la casa, se envolvió en una toalla, tomó su cepillo dental, le puso pasta, calzó sus grandes pies con los pequeños calizos de su madre. Era un joven alto y fornido, medía 6.2 pies de estatura, razón por la cual muchos le decían *el pelotero*. Con cuchillo partió por la mitad media pasta de jabón de cuaba y se dirigió hacia el pequeño río de aguas heladas.

Ya había dado unos cuantos pasos cuando se detuvo y habló para sus adentros:

—¡Ay, la mochila!

Dio media vuelta y regresó en busca de la mochila que con el tiempo se convirtió en su inseparable compañera.

—Ahora sí –dijo sonriendo mochila en mano, y volvió a ponerse en camino hacia el río.

Como de costumbre, estando en el río cepilló sus dientes, se sentó sobre una roca, abrió la mochila y tomó un libro que de inmediato empezó a leer.

Después de un rato de provechosa lectura se bañó en las turbias aguas de un charco muy frío y poco profundo, salió y se dirigió a su casa donde vistió con la mejor ropa que tenía: Pantalón negro, camisa blanca y corbata azul cielo. Se colocó su mochila en la espalda, y dado que el camino estaba enlodado, llevó sus zapatos negros en las manos y partió descalzo. Se los pondría después de cruzar el río Ozama.

Al llegar al poblado de La Gina, abordó una vieja camioneta azul que lo transportó hasta Peralvillo, lugar de gente productiva que con su actitud sin igual apostaba al progreso colectivo. Allí tomó el transporte que lo llevaría a su destino: la Ciudad de Santo Domingo.

Capítulo II
LAS pRIMeRAS eXHORTACIONeS
DeL pROFeSOR VeNABLe

Tomé todos mis fracasos y los convertí en peldaños.

ERAN eXACTAMeNTe las cuatro de la tarde de aquel día en que Yandy tuvo la oportunidad de conocer al profesor Venable, un afamado catedrático que impartía docencia en distintas universidades de Europa.

Venable Benavides llegó a la República Dominicana tras ser invitado como conferencista principal en un simposio sobre liderazgo motivacional organizado por la Facultad de Humanidades de una reconocida Universidad local. Allí sería la presentación de su vigésimo quinto libro, titulado *El poder de los sueños*.

La presencia de Yandy en aquel evento no fue por casualidad. Era egresado de esa prestigiosa universidad donde se graduó con los máximos honores de Licenciado en Filosofía el dieciocho de septiembre del año anterior. Ese día pudo saludar de nuevo a varios de sus excompañeros y profesores.

Al finalizar el acto de presentación del libro, compró un ejemplar y esperó el momento oportuno para pedirle al escritor que se lo autografiara. Cuando creyó que era el momento se le acercó y le dijo:

—Un autógrafo, por favor.

—Con mucho gusto –respondió sonriendo el profesor Venable, y amablemente procedió con la firma.

Mientras el escritor le devolvía el libro ya autografiado, Yandy aprovechó el momento para hacerle una pregunta:

—¿Puedo preguntarle algo?

—Puedes hacerme todas las preguntas que quieras, pero no hoy. Dentro de media hora daré una entrevista en un programa de televisión y tan pronto concluya estaré viajando a Santiago.

—Entiendo. Debí saber que usted es un hombre muy ocupado.

—Pero mañana a las once de la mañana, tendré una rueda de prensa en un hotel de la capital. Si quieres podemos vernos en el lobby media hora antes.

—Para mí será un placer. ¿Cuál es el nombre de ese hotel?

El profesor deslizó la mano derecha por debajo de su chaqueta, la metió en el bolsillo de la camisa, entre los dedos índice y mayor extrajo una tarjeta personal, tomó un bolígrafo, escribió el nombre y la dirección del hotel en el dorso y se la pasó a Yandy.

—Muchas gracias, profesor. Ahí estaré –dijo Yandy cuando acabó de leer lo que el profesor escribió en la tarjeta.

—Hasta entonces.

A las nueve de la mañana del día siguiente Yandy estaba en el lobby del hotel, sentado, con su mochila sobre las piernas. Mientras esperaba leía placenteramente el recién adquirido libro, *El poder de los sueños*.

Cada vez que pasaba una página estaba más entusiasmado, su rostro resplandecía de alegría. Era como si aquella obra magistral tuviera un poder mágico.

Justo a las diez y treinta, vio llegar al profesor Venable elegantemente vestido, con traje gris, camisa blanca, corbata roja y zapatos negros. Se puso de pie y cuando estaba más cerca le dijo:

—Hola, profesor.

—¡Buenos días! Eres el joven de la pregunta que no pudo ser contestada.

—Sí, señor. Yo soy ese joven curioso que está ansioso por saber algo muy importante acerca de usted.

Ambos rieron, el profesor Venable estrechó su mano, lo invitó a sentarse de nuevo, se desabotonó la chaqueta y tomó asiento.

—¡Qué bueno que viniste!

—De haber faltado no me lo perdonaría.

—Ahora podrás preguntarme lo que quieras, pero antes me gustaría saber tu nombre, de dónde vienes y si estás cursando alguna carrera universitaria.

—Sí, con mucho gusto. Mi nombre es Yandy Ramírez Flores; soy orgullosamente campesino, oriundo de una pequeña comunidad de Yamasá, Provincia Monte Plata, donde aún resido. Allí las grandes amapolas se imponen sobre los inmensos cacaotales y el cafetal y adornan con sus lindas flores las orillas del río.

—¡Qué poético! ¿Cuál es el nombre de esa comunidad?

—Cuance.

—Lo pronuncias con verdadero orgullo. Se nota que la amas.

—Sí. Con todas las fuerzas de mi corazón. La amo tanto como a mis más preciados sueños.

—Muy bien, muchacho. ¿Y qué me dices sobre tu carrera?

—Soy filósofo recién graduado, y aunque mi sueño es convertirme en un gran escritor y conferencista, en estos días recibí una noticia que me alegró mucho: Me nombraron como profesor en la escuela básica de una comunidad llamada Los Guineos.

—¡Excelente! Yo como tú, empecé laborando en una escuela.

—¡Oh! ¡Qué interesante!

—Y también soy filósofo. Así que somos colegas.

—Sí. Ayer cuando leían su semblanza me di cuenta, y me sentí más orgulloso de mi profesión –aseguró Yandy.

Una sonrisa efímera, pero sincera y profunda hizo que el rostro del profesor Venable resplandeciera. Se sentía muy a gusto de saber que estaba iniciando una conversación con alguien con quien tenía tantas cosas en común. Impulsado por la curiosidad le preguntó al joven:

—¿Cuáles son los temas que te apasionan, tanto para escribir como para tus futuras conferencias?

—La superación personal, la vida, los sueños, el liderazgo y la Filosofía.

—¡Genial!

—Me encantaría poder llevar mensajes positivos a la gente a través de conferencias y textos. Anhelo contagiar al mundo de palabras alentadoras, motivadoras y ayudar a otros a encontrar el verdadero sentido de su existencia.

—Y lo harás, si persistes en la idea y te preparas para ello.

—Gracias, profesor.

El profesor miró su reloj y notó que el tiempo transcurría de prisa. Por eso le dijo a Yandy:

—Ahora dime, ¿Cuál es la pregunta?

—Me interesa saber qué hizo usted para lograr escalar tan alto, después de tantos infortunios.

El joven esperaba una respuesta amplia y con palabras rebuscadas, pero después de sonreír, Venable se limitó a responder, con esa humildad que lo hacía grande:

—Tomé todos mis fracasos y los convertí en peldaños.

—¡Wao!

—Eso fue lo que hicieron Lincoln y Thomas Alva Edison, uno de los presidentes más notables de los Estados Unidos y el inventor de la bombilla.

—Es cierto. Ambos fracasaron varias veces en sus intentos por lograr lo que anhelaban, mas nunca desistieron. Fueron adquiriendo la experiencia que necesitaban para alcanzar el éxito.

—Exacto. ¿Sabes lo que dijo Alva Edison cuando por fin logró la invención de la bombilla?

—Honestamente no lo sé. ¿Qué dijo?

—*No fueron mil intentos fallidos, fue un invento* de mil pasos.

—¡Vaya forma de ver las cosas!

—Definitivamente impresionante. Esa debe ser la actitud de cada ser humano que quiere lograr un propósito.

—Eso creo.

—Es bien sabido por muchos que Abraham Lincoln era considerado un hombre fracasado, hasta que logró convertirse en el primer presidente republicano de los Estados Unidos.

—Tengo entendido que no logró llegar al Congreso a pesar de ser candidato varias veces.

—Eso es cierto. Además, en una ocasión fue precandidato a la Vice—Presidencia del país por su partido, pero los resultados de las elecciones fueron pésimos para él.

—¿No logró ser congresista ni candidato a la Vice—Presidencia y luego se atrevió a aspirar a la Presidencia y salió airoso? Eso es increíble.

—Así es, Yandy. Ese hombre es digno de loa. Cualquier otro en su lugar, se habría rendido.

—Pero esa actitud perseverante que parecía terquedad, lo convirtió en un gran paradigma para soñadores.

—Exacto. A él hay que creerle cuando dice: *No le temas al fracaso, que no te hará más débil, sino más fuerte.*

—Yo le creo.

El profesor sonrió mostrando cierta satisfacción y mientras acariciaba con ambos pulgares los bordes de su corbata, le dijo:

—Con esto él no te está invitando a que fracases para tener éxito, sino más bien a no temerles a los fracasos, porque en esta vida mientras más miedos tienes, menos intentas, y mientras menos intentas, menos logras.

—Sí. Entiendo.

—Te voy a decir algo que quiero que nunca olvides.

—Deme un momento, por favor –dijo Yandy al tiempo que se quitaba la mochila de la espalda y buscaba en ella lápiz y papel, con la sabia intención de tomar apuntes.

—Ya estoy listo. ¡Adelante!

—El soldado que va a la batalla pensando en la derrota, ya está derrotado. Cuando vayas a dar un paso importante por la obtención de algo, asegúrate de creer que vas a lograr eso que quieres.

El profesor Venable hizo una pausa, miró fijamente a Yandy y le preguntó:

—¿Me estoy dando a entender, joven?

—Sí, profesor. Usted ha sido bastante claro.

—También sería bueno que nunca olvides algo que quizás ya sabes.

Yandy asintió con la cabeza y se dispuso a escribir. El catedrático y escritor le dijo, mostrando convicción plena:

—No hay grandes logros sin grandes obstáculos.

—Tenía usted razón cuando dijo que quizás ya lo sabía. Pero ahora que lo escucho de usted, siento que tiene más peso.

—¿Sabes? Yo pienso que el mundo necesita más gente *loca*.

Yandy no pudo ocultar su asombro ante aquellas palabras que para cualquier ser humano normal serían descabelladas.

—¿Cómo así, profesor?

—Aquí pensar en grande y actuar diferente es sinónimo de locura; pero gracias a ciertas locuras el mundo sigue girando.

—Ya entiendo.

—Así que si algún día decides emprender algo grande y distinto, no te asustes cuando te digan loco o iluso, ni mucho menos vayas a detenerte; más bien convierte esas barreras en punto de apoyo para tomar impulso.

—Gracias, profesor.

—Recuerda que a Jesús también lo llamaron loco.

—Sí. Es verdad.

—Según la Biblia, un día sus parientes fueron a buscarlo para llevárselo de regreso a casa porque les habían dicho que no estaba en sus cabales.

—A mí siempre me ha llamado la atención ese trozo del Evangelio.

—¿Ah, sí?

—Sí, mucho.

—A Jesús no pudieron detenerlo, porque Él estaba claro de lo que tenía que hacer para lograr la realización de un proyecto llamado...

—¿Salvación?

—Exacto –dijo el profesor, mientras buscaba en su memoria el recuerdo de otra historia bíblica que le sirviera de ejemplo.

—¿Conoces la historia de David y Goliat? –le preguntó a Yandy.

—Sí, claro. ¡Tremenda historia!

—Entonces sabes que uno era un temible guerrero filisteo, un gigante aparentemente invencible a quien nadie querría siquiera mirar a la cara.

—Y el otro un joven que sin haber recibido entrenamiento militar ni tenido experiencia bélica alguna, se atrevió a enfrentarlo.

—Sí. Otro que en su momento pareció estar loco.

—Disculpe mi atrevimiento, pero ¿Usted cree en Dios, profesor?

—¿Y cómo no voy a creer en la fuente de la vida y de los sueños?

—¡Qué bueno! Eso lo hace a usted más grande aún.

—¿Más grande en qué sentido?

—La grandeza de un intelectual ateo se queda aquí como su incredulidad, la de uno que cree en Dios trasciende como su fe.

El profesor sonrió satisfecho, más por el pensamiento profundo de Yandy que por su halago.

—Eso está profundo. Pero volvamos a la historia de David y Goliat –le dijo al joven maestro.

—De acuerdo, profesor.

—Para atreverse a enfrentar a ese gigante él debió tener un gran motivo.

—Sí.

—¿Cuál crees que pudo haber sido ese motivo?

—Quizás ya estaba hastiado de ver tantas humillaciones a las que a lo largo de su historia habían sido sometidos los hebreos.

—Interesante, pero creo que debió sentir algo más fuerte que el hastío. Yo en su lugar no me habría atrevido a tanto sólo por estar hastiado.

—¿Qué pudo haber sido?

—Me gustaría que tú lo digas.

—¿El amor por su pueblo?

El profesor sonrió y asintió con un gesto. Entonces completó la respuesta diciendo:

—Sí, el amor por su pueblo y un sueño llamado libertad. Cualquier otro motivo carente de amor habría sido insuficiente.

Yandy siempre tuvo interés por los temas bíblicos, sobre todo por aquellos relatos que resaltan el papel que desempeñaron ciertos personajes, entre los cuales se encontraba el rey David, y en ese momento estaba disfrutando la forma en que estaban dialogando. Sin embargo había algo que no acababa de entender.

—¿Qué tienen que ver David y Goliat con mi vida y mis sueños? –preguntó.

—El camino de todo soñador está lleno de muchos Goliat que hay que vencer.

—¿Hablar de Goliat es lo mismo que hablar de obstáculos?

—Sí, pero no de cualquier tipo de obstáculos.

—Entiendo.

—Hoy existen muchos tipos de Goliat que andan derribando sueños.

—¿Cuáles suelen resultar más dañinos?

—Los miedos, la pérdida de la fe, la falta de enfoque, la trampa de los que te odian y la negatividad de los que te aman.

—De la trampa de los que me odian y la negatividad de los que me aman, ¿cuál es más peligroso?

—La negatividad de los que te aman, porque de tus enemigos sabes de antemano que nunca puedes esperar algo bueno, sabes que si hablan o actúan es en contra de la realización de tu sueño; siempre querrán que fracases...

—Eso es verdad.

—Pero los que te aman harían todo lo que esté a su alcance para que no fracases.

—Eso es bueno, ¿verdad?

—Sí, pero en ciertas ocasiones podría ser muy malo.

—¿Cuándo se torna malo?

—Cuando se paran frente a ti para que nunca des un paso que sabes que tienes que dar.

—Supongo que ése es el Goliat que produce más dolor.

—Definitivamente. Es muy doloroso recibir opiniones sepultureras o sentir la indiferencia total de tus seres queridos cuando lo que necesitas de ellos es apoyo incondicional.

—Hay que cuidarse de ese gigante.

—Sí. Es Muy poderoso. En poco tiempo puede atrofiar las alas de inspirados soñadores.

—¡Oh, Dios!

—Quien siempre te detiene para librarte del sufrimiento momentáneo causado por un probable fracaso, te impide triunfar y te condena a ser infeliz para toda la vida.

—¿En ese caso el soñador debería intentar convencer a los suyos de que vale la pena hacer lo que se ha propuesto?

—Siempre valdrá la pena intentarlo. A continuación voy a contarte una historia que te ayudará a entender por qué te lo digo.

Por el esplendor de su mirada y el impacto de la radiante sonrisa del catedrático, Yandy se pudo dar cuenta de cuán importante era para él la siguiente historia:

Un soñador decidió salir en busca de la realización de uno de sus más preciados sueños. Un amigo le dijo:

"Estás loco"

Un individuo de esos que sin motivo aparente apuestan al fracaso de los que quieren hacer algo distinto, comentó:

—"Ya verá cómo fracasa".

Los más viejos de su casa, temiendo a que aquel soñador sufriera una dolorosa decepción, le advirtieron:

—"Hijo, eso es imposible. No vale la pena intentarlo".

Pero él aferrado a su sueño suspiró profundo y pronunció las siguientes palabras:

—"Déjenme soñar, porque sin sueños se apaga mi sonrisa y se muere mi esperanza. Déjenme soñar, porque en este mundo no existe nada que valga la pena sin que haya sido concebido antes en

un sueño. Déjenme soñar, y sueñen conmigo, porque solo quienes sueñan pueden conquistar el universo ".

—¡Wao! ¡Cuánta grandeza! –exclamó Yandy cautivado por aquellas palabras.

—Cierto, pero no pierdas mucho tiempo contemplando lo que dijo. Mira más bien su convicción, su firmeza y su fe encumbrada, inquebrantable –le respondió el profesor Venable.

—Gracias por tan oportuna exhortación. ¿Puedo preguntarle algo con respecto a ese firme soñador? La curiosidad me mata.

—Sí. Adelante.

—¿Nadie creyó en el sueño de ese hombre?

—Se dice que unos pocos sí creyeron.

—¿Y qué dijeron ellos?

—Nada. Ésos prefirieron guardar silencio y cederle la palabra al tiempo, el cual finalmente habló.

—¿Qué le dijo el tiempo?

—Algo muy parecido a lo que te dije al inicio de esta conversación. El tiempo le dijo:

"No desististe; el pesimismo de los demás no te impidió seguir soñando y luchar por tu sueño; por eso lo lograste. Ahora los que aseguraban que estabas loco te felicitan, los que te dijeron que no valía la pena intentarlo se sienten orgullosos de ti, el que deseaba tu fracaso te respeta, y los que aun creyendo guardaron silencio, hoy pregonan su admiración hacia ti y apuestan al éxito de cada uno de tus proyectos ".

—¡Fenomenal! –exclamó Yandy.

—Definitivamente –Afirmó el profesor Venable.

—Es evidente que en esta historia hubo un final feliz. Pero, ¿Y si hubiese fracasado?

—No habría pasado nada del otro mundo. Los que lo odian dirían "yo lo sabía", y los que lo aman, "yo te lo dije".

—Ya me lo imaginé. Y él soñador, ¿qué debería hacer en ese caso?

—Dar tres pasos de importancia capital.

—Que son...

—Aceptarlo, superarlo y volver a intentarlo.

—Como Alva Edison, como usted, como Lincoln.

—Y como muchos seres humanos de tu país y del mundo, que a pesar de sus grandes hazañas se quedaron en el anonimato, saboreando los frutos de su persistencia –añadió el profesor Venable.

—Sí, señor –afirmó Yandy.

—¿Recuerdas lo que te respondí cuando me preguntaste cómo logré escalar tan alto después de tantos infortunios?

—Sí. Me dijo que tomó todos sus fracasos y los convirtió en peldaños.

—Te sugiero que hagas lo mismo.

—Espero no tener que hacerlo, pero si algún día fracasara, le prometo que así será.

—Casi tengo que irme, pero antes de que eso suceda quiero decirte algo muy importante.

—Dígame.

—En esta vida existe algo peor que el fracaso.

—¿Sí?

—Sí, hombre.

—¿Qué?

—El nunca haberlo intentado. Es así como mucha gente se cierra las puertas del éxito.

En ese momento se les acercó una joven impecablemente vestida caminando con firmeza, aunque sus finos pasos casi bordeaban la línea de lo sensual. Traía una carpeta en sus lindas y delicadas manos. Estando frente a ellos le dijo a Venable:

—¡Profesor!

—¿Sí? –respondió el intelectual.

—Ha llegado el momento de la rueda de prensa. Todos los medios invitados ya han hecho acto de presencia. Lo están esperando –Afirmó la hermosa joven, mostrando un reverente respeto hacia el profesor Venable, y se apartó un poco de ellos.

Ante la imponente presencia de aquella fémina hermosa, Yandy no pudo evitar que en su mente se posaran algunos pensamientos turbios. Se preguntaba si ésta era simplemente la asistente del profesor o si entre ellos habría algo más que una relación estrictamente laboral.

El profesor miró su reloj y de inmediato se puso de pie, se abotonó la chaqueta, estrechó la mano de Yandy, la sacudió repetidas veces y le dijo:

—Ella es mi hija Sarah.

—¡Oh! ¡Qué bueno! –respondió Yandy, sintiendo un poco de vergüenza en sus adentros.

—Debo irme. Fue un placer platicar contigo.

—El placer fue mío, profesor. Gracias por tan lindos consejos. Siempre los llevaré conmigo.

Cuando ya estaba a punto de dirigirse al gran salón de conferencias de aquel hotel cimentado frente al mar, justo en la orilla de la Ciudad de Santo Domingo, el afamado escritor se ajustó la corbata, miró a Yandy y le hizo una última exhortación:

—¡Adelante, soñador! El mundo necesita seres humanos que hagan la diferencia. ¡Adelante! Sueña en grande, que sin grandes soñadores no pueden haber grandes conquistas.

Dicho eso, se alejó tan de prisa que parecía correr. La joven mujer lo guiaba. Yandy enmudeció por un instante, diez segundos, más o menos; tiempo suficiente para no ser escuchado cuando dijo:

—Gracias, maestro.

De inmediato, Yandy revisó sus apuntes, dobló las hojas que los contenían y las guardó en la mochila, suspiró profundo sintiéndose enviado a conquistar el mundo, y se marchó de allí.

Capítulo III
LAS DIez CARACTeRÍSTICAS
De UN VeRDADeRO SOñADOR

Un verdadero soñador se desvela por sus sueños.

TRANSCURRIDOS TRes meses, un sábado soleado de junio, aproximadamente a las once de la mañana, Yandy se encontraba en la orilla del río, sentado sobre una roca leyendo un libro cuando de repente escuchó la dulce voz de una joven que se le acercaba.

—Buenos días –saludó la fémina.

—Buenos días –respondió Yandy al tiempo que bajaba el libro y volteaba para ver al ser humano de quien provenía aquella voz angelical. Al verla pensó que soñaba y al mismo tiempo creyó que lo visitaba un ángel. Era una joven escandalosamente bella y simpática, de piel canela y ojos café. Medía cinco pies de estatura, más o menos. Una flor de cayena adornaba su abundante pelo rizado.

—No te asustes. No soy un fantasma ni como jóvenes cultos –aseguró al notar la reacción de Yandy.

—Gracias por decírmelo; ya estaba temblando de miedo. Pero si no eres un fantasma ni un caníbal, me gustaría saber qué eres.

—Soy una chica normal.

—¿Tienes nombre y domicilio?

—Por supuesto. Te dije que soy una chica normal.

Ambos rieron con cierta discreción. Ella añadió:

—Mi nombre es Mariani, y vivo en Piedra Azul.

—¿Piedra Azul?

—Sí.

—¡Qué bien! Vamos a ser vecinos.

—¿Piensas vivir allá?

—No. Pero pronto estaré trabajando muy cerca de tu casa.

—¿Dónde?

—En la escuela de Los Guineos.

Al escuchar esa afirmación, Mariani experimentó una ligera sensación de alegría.

—¿Eres profesor? –le preguntó.

—En septiembre voy a estrenarme como tal.

—Te deseo lo mejor.

—Muchas gracias. ¿Tú tienes familia por aquí?

—No. Vine a visitar a una amiga.

—¿Puedo saber el nombre de esa privilegiada?

—Claro. ¿Por qué no? Yorbiris.

—¿Yorbiris?

—Sí. ¿La conoces?

—Sí, claro. Aquí todos nos conocemos. Además, ella es mi amiga.

—Ah, Bueno.

—¡La pobre! Está muy enferma.

—Por eso vine a verla, y he sentido un dolor muy profundo al notar cómo se consume en la cama sin que yo pueda hacer nada para que se levante de ahí.

—Entiendo cómo te sientes.

Mariani no pudo evitar que unas gotas de lágrimas humedecieran sus suaves mejillas. Sollozó, cubrió su rostro con ambas manos y le dijo a Yandy:

—Perdón. Soy una llorona.

—Tranquila. Sé que tienes motivos más que suficientes para llorar. Además, las lágrimas que no se liberan terminan ahogando el alma.

—Creo que tienes razón, poeta –respondió ella mientras se enjugaba el rostro.

—No creo haber dicho nada por lo que me merezca que me llames poeta –replicó Yandy sin poder ocultar cierta satisfacción.

Mientras él pronunciaba aquellas palabras Mariani se desprendía un manto anaranjado que pendía de su cuello y lo colocaba sobre una roca, próximo a la mochila de Yandy, a la cual miraba fijamente. Entonces se quitó las sandalias de color marrón que traía puestas, se sentó sobre el manto, metió los pies en el agua y sin tiempo que perder dijo:

—Tengo una triple curiosidad. Por lo tanto me gustaría saber tres cosas.

—Pregunta todo lo que quieras, que yo te responderé todo lo que pueda.

—Me gustaría saber cuál es tu nombre, qué libro estás leyendo y qué hay en esa mochila.

—Mi nombre es Yandy.

—"Yandy". Me gusta; es bonito.

—Gracias.

—¿Y el libro?

—El libro que ves en mis manos se titula *A orillas del Río Piedra me senté y lloré*, de Paulo Coelho.

—¡Uff! Suena triste e interesante a la vez.

—En realidad lo es. El coprotagonista es un exseminarista.

—Tenía que serlo. ¿Por qué será que los exseminaristas, además de críticos son ilusos, medio poetas y a veces hasta llorones?

Yandy no pudo evitar que las de palabras de Mariani provocaran un ligero cambio en su semblante. Frunció el ceño y sólo pudo decir:

—¿Ah, sí?

—¿No lo sabías?

—No. no me había fijado en eso.

—Te noto incómodo. ¿A caso dije algo malo?

—No.

—Me gustaría leer ese libro.

—Te lo recomiendo, pero no te lo presto.

—¡Ay! ¡Qué malo eres!

—He prestado cinco libros en los últimos dos años. ¿Cuántos crees que han regresado a mis manos?

—¿Tres?

—No.

—¿Cuántos?

—Cero.

—¡Ay, mi madre!

—Pero cuando te dije que no te lo presto estaba bromeando.

—¡Vaya forma de bromear!

—En serio, fue una broma. Si quieres, cuando termine de leerlo te lo presto.

—Pero tú no me conoces. ¿A caso quieres perder el sexto libro en tan poco tiempo?

—Me basta con saber que eres amiga de Yorbiris para tener la certeza de que me lo devolverías.

—Veo que confías en ella.

—Sí, mucho.

—¡Qué bueno! Ahora háblame de la mochila.

—¡Oh, sí! La mochila. ¿Cuál es la pregunta?

—¿Qué guardas en ella?

Yandy extendió una mano, tomó la mochila y la levantó solemnemente, sonrió y dijo:

—Aquí traigo conmigo asuntos relacionados con mis más preciados sueños.

—Con que eres un soñador. A ver, dime qué soñaste anoche.

—Anoche soñé que estaba sentado sobre una piedra leyendo un libro y de repente un hermoso ángel de carne y hueso se acercó a mí y me saludó amablemente.

—No me digas, poeta.

Ambos rieron a carcajadas. En poco tiempo la empatía entre aquellas dos criaturas se había incrementado de manera excepcional. Eso era tan evidente que hasta las gigantescas amapolas que les brindaban cobijo y les arrojaban sus lindas flores lo pudieron notar.

—Pero cuando te hablé de sueños no me refería a ésos que se tienen inconscientemente mientras se duerme –aclaró Yandy.

—Entonces, ¿de qué tipo de sueños estamos hablando?

—De los que sólo podemos tener estando bien despiertos, de aquellos que requieren de esfuerzo y constancia para hacerlos realidad, de esos por los que tantas personas se desvelan llenos de esperanza.

—Entiendo.

—Lo sé. Se nota que eres una chica inteligente.

—Gracias, soñador.

—En tan poco tiempo que llevamos conversando ya me has llamado "poeta" y "soñador".

—Sí.

—¡Oh, halagos inmerecidos!

—¡Qué humilde eres!

—¿Humilde? Humildad es lo que le pido a Dios todos los días de mi vida.

—¿Puedo hacerte una última pregunta?

—Claro. Te dije que preguntaras todo lo que quisieras.

—¿Cuál es la diferencia entre una persona soñadora y una que no sueña?

Mariani no había terminado de hacer la pregunta cuando Yandy abrió la mochila y sacó un folleto de unas tres páginas, más o menos. Entonces respondió:

—Mira, te voy mencionar las "características de un gran soñador". Creo que después de escucharlas no necesitarás que te hable de los que no sueñan.

—¡Wao! "Características de un gran soñador". Suena muy interesante.

—En realidad lo es.

—¿Autoría de Paulo Coelho?

—No. En realidad, dichas características son parte de un libro que leí hace poco; el que más me ha gustado desde que salí del seminario.

Mariani no pudo ocultar su asombro, tampoco la vergüenza que sintió en ese instante, puesto que ya había hecho una fuerte crítica a los exseminaristas. Por eso, cubriendo su lindo rostro con sus suaves manos, le preguntó:

—¿Tú fuiste seminarista?

—Sí. En el seminario viví cinco años que marcaron mi vida para siempre.

—Ahora entiendo por qué te enojaste.

—No me enojé.

—Perdóname por lo que dije de los exseminaristas.

—No te preocupes. Ya eso pasó. Ahora vamos a ver las características de un gran soñador.

—Pero no me has dicho el título del libro.

—Ni el nombre del autor.

—Exacto.

—"El poder de soñar".

—¿Ése es el nombre del autor?

—Sí, y el título del libro es Venable Benavides.

Ambos echaron a reír.

—Hablando en serio, ¡Me encanta ese título! –afirmó Mariani mientras secaba las lágrimas producidas por la risa.

—A mí también.

—¿El autor es español?

—Sí. Además de conocerlo el día de la presentación de la obra, donde me autografió el ejemplar que compré, tuve la oportunidad de conversar con él. Me dedicó algo más de media hora de su preciado tiempo.

—¡Qué emocionante!

—Así es.

—¿De qué hablaron?

—De sueños. Me dio varios consejos que recordaré mientras viva. Pero bien, veamos algunas de las características de un gran soñador expuestas por el profesor Venable Benavides en su obra titulada "El poder de soñar".

—Soy todo oídos.

—Esta es la primera: *Un verdadero soñador valora, cuida y respeta más la vida.*

—¿Por qué habrá dicho eso?

—Porque sin vida no hay sueños y sin sueños no hay Vida con mayúscula, o sea, vida plena.

Mariani sacudió la cabeza en forma vertical con lo que hizo entender que estaba de acuerdo con esa idea. Luego afirmó:

—Eso tiene mucho sentido.

Entonces Yandy agregó:

—Cuando hay sueños, la vida se torna más dinámica, más divertida, más útil; cada amanecer es diferente, tiene otro color;

las horas ya no pasan sin que se haya escrito algo en uno de los capítulos de la historia del soñador.

—¿Dices eso porque lo leíste en el libro de Venable o por experiencia propia?

—Por ambas razones. Cuando yo no soñaba, no vivía realmente; era un ser arrojado en este mundo sin ningún propósito, asumiendo que estaba aquí simplemente por capricho del destino. Pero ahora mi forma de pensar, y mi actitud frente a la vida es afortunadamente distinta. Ahora cada uno de mis suspiros tiene sentido y en cada minuto que pasa veo oportunidades.

—¿Oportunidades para qué?

—Para amar, aprender, quitar, poner, aceptar, rechazar, emprender, luchar y esforzarme para parecerme más al Yo que veo en mis sueños.

—Un verdadero soñador siempre tendrá suficientes razones para vivir. ¿Cierto?

Cuando Yandy escuchó esas palabras, el esplendor de la alegría brilló en su rostro, pues lo hicieron convencerse de que ella había entendido muy bien la primera característica de un verdadero soñador.

—Excelente conclusión sobre la primera característica. Veo que estás lista para escuchar la segunda –le dijo.

—Entonces, adelante –le respondió Mariani.

—*Un verdadero soñador cree en sí mismo.*

—Lógico. Se supone que quien no cree en sí mismo siempre va a dudar de sus sueños y nunca se creerá capaz de lograr lo que quiere.

—Correcto. Definitivamente eres una chica excepcional.

—Muchas gracias.

—Una persona que cree en sí misma no dependerá jamás de la aprobación de otras para lograr sus propósitos, y aunque nadie crea en sus sueños, jamás desistirá.

—Estoy totalmente de acuerdo contigo.

—Entonces pasemos a la tercera característica.

—De acuerdo. Esto me está gustando.

Entonces Yandy leyó la tercera característica de un verdadero soñador.

—*Un verdadero soñador sabe que puede brillar con su propia luz y no escatima esfuerzo alguno en lograrlo.*

—Eso es verdad.

—Sí. Son muchos los individuos que prefieren brillar con la luz de otros.

—De ellos podemos decir que siendo sol, optan por vivir como si fueran luna –aseguró Mariani.

—Por favor, explícame eso –le suplicó Yandy mientras flotaba en la burbuja del asombro.

—La luna es un astro que mantiene a poetas y enamorados embelesados mirando el color plateado de sus rayos hermosos. Sin embargo, ella tiene una gran debilidad.

—¿Sí? ¿Cuál es esa debilidad?

—No brilla si el sol no le presta su luz. Es totalmente dependiente.

Aquellas palabras dejaron a Yandy estupefacto y mudo por un instante. Sabía que Mariani era inteligente, pero aún no se imaginaba cuánto.

—¡Wao! Excelente comparación, Mariani.

—Gracias, Yandy.

—Halago merecido.

—A veces me pregunto si la luna será tan ingrata como mucha gente –comentó Mariani.

A Yandy le pareció gracioso el hecho de que ella hablara de la luna como si ésta fuera un ser con sentimientos.

—Ella tiene que saber que su fama se la debe al sol –afirmó él sonriente.

—Eso espero.

Pausaron brevemente, como si ambos se detuvieran a reflexionar sobre el tema. Entonces Yandy comentó:

—Ojalá que todos los seres humanos logremos entender que hay una gran diferencia entre una persona y la luna.

—¿Cuál es esa gran diferencia?

—La luna nunca podrá brillar con su propia luz, está hecha para proyectar la luz del sol; pero una persona sí puede, porque fue diseñada para irradiar su propia luz.

—Acabas de recordarme un libro que leí hace un tiempo –aseguró Mariani.

—¿Cómo se titula?

—*Si supieras quién eres*.

—Yo lo leí y me gustó.

—A mí también me gustó y me ayudó mucho. Ese libro llegó a mí en un momento difícil de mi vida.

—¡Qué bueno!

—El autor lo escribió después de superar numerosas adversidades.

—No lo sabía.

—Yo me enteré hace poco.

—Okey.

Consciente de que el tiempo avanzaba de prisa cuando apenas habían visto la tercera característica, Yandy le preguntó a Mariani:

—¿Podemos pasar a la cuarta característica?

—Si a usted le place.

—*Los verdaderos soñadores amplían sus horizontes y abren las puertas del futuro.*

—Esa característica huele a poder, a visión, a fuerza –comentó Mariani.

—Y también a convicción y valentía.

—Estoy empezando a creer que los sueños tienen un poder sin igual.

—Y pronto te convencerás de ello.

Mariani sonrió satisfecha, echó una mirada entorno, se puso de pie, miró el folleto que Yandy tenía en las manos y entonces le preguntó al joven filósofo:

—¿Qué hora es?

De inmediato Yandy colocó el folleto a su lado, sobre la roca en que permanecía sentado, tomó la mochila y extrajo de ella un viejo reloj para ver la hora. Entonces respondió:

—Las dos.

—¿Las dos? ¡Ay Dios mío! ¡Qué mal amiga soy!

—¿Por qué lo dices?

—Ya casi tengo tres horas aquí, mientras Yorbiris permanece sola.

—¿Sola? ¡Qué raro! Francisca siempre está con ella –replicó Yandy.

—Bueno, sí. Su mamá está con ella. Cuando dije *sola* quise decir que está sin mí a su lado.

—Entiendo.

—Tengo que irme.

—¿Te vas sin que al menos te enuncie el resto de las características de un verdadero soñador?

—¿Cuántas faltan?

—Solo cuatro. ¿Te las leo?

Mientras se sentaba de nuevo, Mariani respondió:

—Sí, por favor. ¿Cuál es la quinta?

—*Un verdadero soñador se alimenta de sus sueños*.

—Eso suena muy interesante y nutritivo.

Ambos rieron a carcajadas. Mariani agregó:

—El autor está en lo cierto.

—Definitivamente lo está. Sobre esa característica él escribió algo que me pareció maravilloso –aseguró Yandy.

—¿Qué fue lo que dijo?

—Que los sueños son una especie de vitamina para el espíritu de los que sueñan.

—Es una frase muy motivadora.

—Y digna de ser recordada mientras se viva.

— Así es. ¿Ya podemos ver la sexta característica?

—Por supuesto que sí. ¿Quieres leerla?

—Sí, con mucho gusto.

Entonces Yandy le pasó el folleto y le indicó la parte que contenía la sexta característica de un verdadero soñador.

—*Un verdadero soñador, cada* día *que amanece tiene motivos suficientes para levantarse y luchar* –leyó Mariani, y luego comentó:

—Esa me gusta.

—Todas te han gustado hasta ahora, según he podido notar.

—Tienes razón, Yandy. ¿Leo la séptima?

—Sí. Adelante.

—*Un verdadero soñador se desvela por sus sueños*.

Tras escuchar la lectura de la séptima característica, Yandy miró a Mariani con alto grado de ternura y le dijo:

—Linda paradoja, ¿verdad?

—Por la forma en que me lo preguntas, me gustaría responder positivamente, pero si sé no recuerdo qué es una paradoja –admitió Mariani, a lo que Yandy respondió:

—Te lo explico: paradoja es una idea donde hay una aparente contradicción.

—¡Oh, sí! Ya entiendo. Gracias.

—A tu orden siempre, a partir de hoy.

—¿Seguro?

—Seguro no, segurísimo.

—Entonces dime cuál es la octava característica de un verdadero soñador, según el profesor Venable Benavides.

—Léela tú, por favor. Lo haces muy bien –le respondió Yandy.

—*Un verdadero soñador no se rinde ante los fracasos.*

—¿Ésta también te gustó? –le preguntó él.

—Me encantó –le contestó ella.

—A mí también. El día en que tuve la oportunidad de platicar con el profesor Venable, él me habló bastante acerca de cuál debería ser nuestra actitud frente a los llamados fracasos.

—¡Qué bien!

Se sintió un breve silencio que fue roto por la meliflua voz de Mariani cuando le preguntó:

—¿Cuál es tu conclusión acerca de esa característica?

—Hay que aferrarse a los sueños. Ellos nos ayudan a resistir el impetuoso torbellino de las adversidades. Cuando éstas llegan, ellos nos hacen recordar que tenemos motivos más que suficientes para luchar y superar ese mal que nos aqueja y quiere que nos rindamos –afirmó Yandy.

—Excelente conclusión.

—Muchas gracias, Mariani.

—Gracias a ti por compartir conmigo reflexiones tan importantes para la vida.

—Fue un placer conocerte.

—El placer fue mío, amable soñador.

Yandy sintió que no debía dejar que se marchara sin antes hacerle saber que en lo más profundo de su corazón albergaba la esperanza de algún día verla de nuevo. Por eso le dijo:

—Espero que algún día podamos volver a vernos para socializar sobre nuestros propios sueños y analizar juntos otras dos características de un verdadero soñador.

Mariani dejó ver una expresión de asombro en su rostro.

—¿Dos más? –le preguntó.

—Sí.

—Me dijiste que solo eran ocho.

—Las que leí en el libro del profesor Venable sí son ocho.

—Y las otras dos, ¿de dónde salieron?

—De mis reflexiones.

—¡Vamos, hombre! Quiero escucharlas. Y no te preocupes mucho por la hora. Ya tomé la decisión de quedarme en casa de Yorbiris hasta pasado mañana.

La luz de la alegría brilló en el rostro de Yandy al suponer que tendría la oportunidad de ver a Mariani de nuevo antes de que ella regresara a su hogar. Pero su alegría no impidió que se preocupara por las posibles consecuencias de tan prolongada estadía en casa de Yorbiris. Por eso le preguntó:

—Y tus padres, ¿No crees que se preocupen por ti y se enojen contigo?

—Si no se lo informara, sí. Pero yo les dije que si Yorbiris estaba muy desmejorada me iba a quedar con ella por tres o cuatro días.

—Veo que confían mucho en ti.

—Sí, muchísimo. Casi demasiado.

—La confianza se gana.

—Eso dicen.

Tras decir eso, Mariani hizo una breve pausa y le dijo:

—Las otras dos características, por favor. Me muero por escucharlas.

—*Un verdadero soñador valora y respeta los sueños de los demás.*

—¡Estupendo! Le veo mucho sentido. Lo mínimo que puede hacer quien cree firmemente en la importancia de los sueños para la realización personal es respetar los sueños de los que piensan como él.

—Exacto.

—Te felicito, Yandy. Sé que en poco tiempo te convertirás en un gran escritor.

—Muchas gracias, y que Dios te oiga.

—Amén. Y la otra característica es...

—*Un verdadero soñador sabe cambiar angustias estériles por valiosas acciones.*

—¡Wao! ¿En qué te basaste para escribir esa verdad tan cierta?

Ante aquella pregunta, Yandy se quedó pensando como si buscara en lo más hondo de su ser palabras que explicaran esa contundente afirmación. Entonces le respondió, mostrando convicción absoluta:

—Es terrible lo que siente un soñador que se pasa el tiempo embelesado en la contemplación de los sueños, mirando al tiempo pasar sin dar siquiera un paso que valga la pena, mirando a otros emprender y triunfar.

Hizo una pausa y esperó a que Mariani hiciera algún comentario, pero ella guardó silencio. Había quedado estupefacta ante la reflexión del joven. Estaba digiriendo sus palabras y admirándolo en su interior. Él concluyó su reflexión diciendo:

—Hay momentos en que la angustia quiere arrancarte el corazón; sientes que envejeces sabiendo que dejaste pasar numerosas oportunidades, teniendo la capacidad de lograr conquistas invaluables.

—Debe ser triste –comentó Mariani.

—Sí, pero por suerte, mientras se vive y se sueña, son muchas las cosas que se pueden hacer –aseguró Yandy.

Dicho eso, ambos se pusieron de pie y después de acordar verse al otro día en casa de Yorbiris, se despidieron como se despiden dos viejos amigos.

—Cuídate mucho –le dijo él.

—Gracias, igual tú –le respondió ella, y de inmediato se alejó con pasos firmes por el camino estrecho y retorcido cubierto hojas de cacao y amapola secas que le servían de alfombra.

Con una sonrisa dibujada en sus labios, Yandy recogió sus cosas y las colocó en la mochila, se dio un rico baño y regresó a su casa destilando alegrías.

Capítulo IV
EL SOñADOR qUe MURIÓ eN eL CAMINO

...Procura soñar en grande, y que tus acciones sean del tamaño de tus sueños.

ERAN LAS dos de la tarde del día siguiente cuando Yandy llegó a casa de Yorbiris, y con la amabilidad que lo caracterizaba saludó a los familiares y vecinos que se encontraban allí, esperando el deceso de la que supuestamente estaba condenada a morir; luego entró a la habitación y saludó a la joven con un beso en la frente mientras tocaba una de sus frías y lánguidas manos.

Ella intentó sonreír, pero lo que quiso ser una sonrisa se convirtió en una mueca de dolor, y de sus ojos cansados de tanto llorar volvieron a brotar dos gotas de lágrimas.

Como siempre, él no pudo permanecer ahí por largo rato, ya que no soportaba ver a quien otrora fuera tan alegre y tan activa, inmersa en el dolor y la tristeza.

—Dios puede curarte –le dijo.

Con el corazón hecho pedazos se dirigió hacia la sombra de un almendro que había en el patio, y se sentó sobre un pilón a esperar a Mariani, quien había estado muy ocupada ayudando la madre de Yorbiris con los quehaceres de la casa.

Transcurridos quince minutos de espera, llegó ella caminando de prisa mientras secaba sus manos con una pequeña toalla, lo saludó amablemente y cuando estaba sentándose a su lado le preguntó:

—¿Viste qué mal está?

—Sí. Nuestra amiga está muy mal. Pero yo creo que cuando el esfuerzo humano ya no alcanza, Dios puede hacer el milagro.

—¡Pobre Yorbiris! Ella tenía tantos planes...

—Pero tú estás hablando como si no tuvieras ni una chispa de esperanza.

Mariani no pudo evitar que Yandy viera lágrimas humedeciendo sus mejillas. Tampoco pudo esconder la impotencia que sentía en ese momento.

—Situaciones como esa son las que llevan a muchos jóvenes a pensar que no vale la pena soñar –dijo ella.

—¿Tú has pensado así en algún momento, Mariani?

—Sí. Justo ahora estoy pensando que quizás lo mejor sea vivir el día a día, sin planes, sin afanes, sin sueños.

—Me da mucha tristeza el hecho de saber que tú piensas así, después de lo que hablamos ayer.

—Es que me resulta casi imposible pararme frente a Yorbiris y pensar algo diferente.

—¡Mariani, por Dios! Cuando una persona renuncia a sus sueños, renuncia a la vida misma. No debemos dejar de soñar nunca.

—¿Aunque la llegada de la muerte sea casi inminente?

—Sí. Es que cuando luchamos por la vida y nos aferramos a nuestros sueños somos capaces de hacer que la muerte retroceda, y si no lo hace, su llegada resulta menos dolorosa.

Mariani inclinó la cabeza y trató de digerir aquellas palabras, pero en ese momento le resultaba muy difícil, y Yandy lo sabía. Por eso, colocando la mano derecha sobre el hombro izquierdo de ella le dijo:

—Te voy a contar algo que pasó con mi mejor amigo, justo tres años después de que inició su larga caminata en busca de la realización de un sueño.

—¿Cuál era ese gran sueño?

—Consagrarse y vivir como sacerdote.

—¡Oh! Era seminarista, como tú.

—Sí, un excelente compañero con una espiritualidad incomparable y una alegría contagiosa.

—¿Él murió?

—Sí.

—Entonces perdió su tiempo al soñar. ¿No crees?

—No.

—¿Cómo que no, si no logró alcanzar lo que tanto anhelaba?

—El solo hecho de que alguien sea soñador no garantiza que sus sueños más preciados se hagan realidad.

—Eso parece tener sentido.

—Mi amigo vivió lleno de esperanza y con esperanza decidió ponerse en marcha en busca de la realización de sus sueños.

—¿Y cómo murió?

—A pocas horas de la llegada de aquel momento en que su vida y sus sueños cesaran, me recordó algunos de los maravillosos momentos que pasamos juntos, como queriendo decirme que valió la pena vivir sus dos décadas y media.

—¿Solo tenía veinticinco años?

—Sí. Veinticinco años apenas. Y ¿sabes qué? Murió el día de mi cumpleaños.

—¡Uf! Triste regalo.

—Así es. Sin embargo, cada vez que llega el día de mi aniversario de vida, en vez de entristecerme por el recuerdo de un amigo que se fue a destiempo, me detengo a pensar en algo que él me enseñó.

—¿Qué fue eso que te enseñó?

—Me enseñó que hasta un paso que se da en pos de un sueño puede ser un motivo para estar feliz.

—Tremenda enseñanza.

—Definitivamente. Pero no nos quedemos en las últimas horas de sus días. Vamos a lo que más le importaría a cualquier soñador como él.

—¿Qué sería?

—Su actitud en aquella búsqueda implacable era evidente, inspiradora; vivió con intensidad cada momento y en sus pocos años sobre esta tierra dejó más huellas que muchos que tuvieron una larga vida carente de propósitos.

Ella escuchaba con mucha atención y trataba de asimilar aquellas palabras de corte existencialista. Pensaba en Yorbiris, su gran amiga, quien estaba a punto de morir a pesar de que apenas había recién zarpado en el barco de la juventud.

—¿Yorbiris te ha hablado de alguno de sus sueños? –le preguntó Yandy.

—Sí. Muchas veces. Ella anhelaba ser abogada y convertirse en defensora de los más débiles.

—Por favor, cambia el tiempo del verbo.

—¿Cómo así?

—Acabas de decir que ella *anhelaba*. Eso es pretérito imperfecto del verbo anhelar. Todavía puedes decirlo en presente porque ella vive y sus anhelos no han muerto.

—Okey. Ella anhela ser abogada y convertirse en defensora de los más débiles.

—Así se habla.

—La verdad es que me sentí mejor pronunciándolo en presente.

—¡Qué bueno!

—Y tú, ¿qué sabes de los sueños de ella? ¿Te ha contado algo?

—Antes de quedar postrada en esa cama, casi todos los días me hablaba del gran reto que había asumido: convertirse en la primera profesional de la familia y ser ejemplo de superación para toda la comunidad, despertando así el interés de los jóvenes por los estudios universitarios.

—Noble deseo.

—Así es, Mariani.

—¿Y nunca te habló de FUNSCIN?

—¿De la Fundación Sinergia Contra la Indigencia?

—Sí. Pero ya no tienes que responder a esa pregunta. Veo que sabes del proyecto.

—Quizás más de lo que tú te imaginas. Como yo me identifico tanto con ese proyecto, he estado aportando a su elaboración. Por eso sé muy bien cuál es su objetivo principal y conozco lo que serían la misión y los valores del mismo.

Mariani se sorprendió al enterarse de que aquel sueño de su amiga ya estaba tomando forma, se alegró de saber que Yandy estaba aportando a la causa e impulsada por la curiosidad le preguntó:

—¿Cuál es el objetivo principal de FUNSCIN?

—Asistir a las personas más necesitadas de la comunidad a través de programas que les garanticen una vida digna.

—¡Genial! ¿Y cuál sería la misión?

—Contribuir con el desarrollo integral de distintas comunidades de la Provincia mediante acciones que garanticen la superación y una mejor calidad de vida para sus habitantes más desposeídos.

—Me parece muy bien.

—A mí también. ¿Quieres saber cuál es la visión?

—Claro que sí.

—La visión de FUNSCIN es ser una señal de esperanza para quienes viven inmersos en la pobreza extrema o están proclives a caer en ella.

—¡Excelente!

—Puedes estar segura de que ella lo va a lograr.

—¿Por qué crees que puedo estar tan segura? Una cosa es no perder la esperanza de que ella se salve y otra hablar como si lo que tiene es una simple gripe –comentó Mariani.

Yandy la miró tiernamente y le dijo:

—Debo decirte que un día ella me dijo que tenía la firme esperanza de que se iba a levantar de su cama y que tan pronto eso sucediera dedicaría todo su esfuerzo a su formación profesional y al desarrollo de la fundación.

—Ella tiene una fe admirable.

—Así es. Algo que me impactó fuertemente ese día fue que después de decirme que se levantaría me pidió que en caso de que ella dejara de existir, asumiera el proyecto.

—Esa es una señal de que ella confía mucho en ti, Yandy.

—Sí. Además de eso, ella sabe que estoy enamorado de FUNSCIN.

—¿Qué le respondiste cuando te hizo esa petición?

—Le dije que eso no será necesario, y le prometí que nunca la dejaré sola porque su sueño también ya es mío.

—Ya me los imagino lo lindos que se verían ustedes trabajando juntos por los más necesitados.

—Yo sé que nos veremos trabajando juntos.

—Bueno, sí –dijo ella, dejándole un amplio espacio a la duda.

—¿Cuáles son las principales actividades que pretenden realizar?

—Bueno, las actividades serán muchas. Entre las que recuerdo están: Donar medicamentos, sillas de ruedas, pintas de sangre en casos de emergencia a pacientes de escasos recursos económicos; otorgar calzados y útiles escolares a niños, niñas y adolescentes procedentes de familias indigentes.

—¡Excelente! Esa es una linda causa.

—Sí.

—Me gustaría trabajar algún día en algo así.

—Tú puedes estar segura de que Yorbiris estará feliz de contar contigo, aunque todavía no te lo haya dicho.

—Quiera Dios que eso se dé.

Mientras expresaba su deseo, Mariani pensaba en una palabra que le resultó poco familiar. Por eso le preguntó al soñador de fe inquebrantable:

—¿Cuándo se puede decir que una familia es indigente?

—Cuando carece de lo necesario para vivir.

—¡Ya! Gracias, filósofo.

—Sabes que estoy a tu orden.

—¿Hay más actividades?

—Sí, hay muchas más.

—Estas son...

—Coordinar y dirigir entregas de juguetes a niños que viven en pobreza extrema; habilitar centros de capacitación laboral en las comunidades; impartir cursos técnicos a jóvenes y amas de casa; impartir charlas de motivación y superación personal, gestionar becas para cursos técnicos y carreras universitarias, reparar y pintar viviendas en estado crítico; gestionar la sustitución de pisos de tierra por pisos de cemento, realizar actos conmemorativos relacionados con la cultura; organizar y ejecutar concursos literarios y de oratoria.

—¡Qué interesante! –exclamó Mariani.

—Así es. Pero ya tendremos tiempo para hablar más acerca de FUNCIN. Te sugiero que volvamos a la historia de mi amigo.

No quiero que nos despidamos sin antes hacerte una sugerencia partiendo de lo que hemos hablado acerca de él.

—De acuerdo. Adelante.

—Nunca olvides que lo que le da sentido a la existencia no es la cantidad de los años, sino la intensidad con que se vivan.

—Tu consejo tiene sentido. Pero aún tengo una duda que requiere de tu opinión. ¿Puedo hacerte una pregunta más?

—Todas las que quieras.

—¿En verdad crees que ha valido la pena dedicarse a trabajar por el logro de unos objetivos cuando la muerte llega provocando que todo se quede a mitad de camino?

Hasta ese momento Yandy pensaba que ya había convencido a Mariani, pero esa pregunta lo hizo entender que estaba equivocado. Al escuchar la pregunta suspiró profundo y levantó la mirada como si buscara alguna idea entre las nubes. Entonces respondió:

—Hemos venido a esta vida para ser felices, ¿Lo crees?

—Sí. De eso sí estoy convencida.

—Los sueños le dan sentido a la vida, ¿Lo reconoces?

—Bueno... Antes de conocerte lo dudaba, pero ahora estoy convencida de que es así.

—En la medida en que soñamos y con nuestras acciones vamos haciendo nuestros sueños realidad...

—¿Vamos logrando ser felices?

—¡Exacto! Eso pasaba con mi amigo. ¿Crees que realmente eso puede suceder?

—Sí. Creo que sí creo.

—¿Duda despejada?

—Sí.

—Entonces procura soñar en grande, y que tus acciones sean del tamaño de tus sueños.

Mariani se sintió fascinada por tan poderosa exhortación pero a la vez albergó cierta duda con respecto a su contenido, por eso no tardó en preguntarle:

—¿A qué llamas tú soñar en grande?

—Soñar en grande es soñar siempre, con intensidad, soñar con ganas de hacer realidad los sueños –le respondió él.

—¡Qué bien!

Hubo un breve silencio que Mariani aprovechó para digerir aquellas palabras de Yandy, quien le dijo:

—Ahora volvamos a nuestra amiga en común: Yorbiris.

—De acuerdo. ¿Crees que en su estado de gravedad pueda estar pensando en sus sueños?

—No solo creo que pueda estar pensando en ellos, también creo que los puede realizar.

—¿En serio?

—Ella es una verdadera soñadora, y como tal luchará por sus sueños hasta que su corazón deje de latir.

—Ella tiene mucha esperanza y sobradas ganas de vivir.

—Sí, ¿Y tú, Mariani?

—Yo tengo muchas ganas de verla levantarse de esa cama, pero no puedo negar que he perdido la esperanza.

A él le preocupaba ver a la mejor amiga de Yorbiris casi tirando la toalla, pero no la culpaba, porque verdaderamente la enferma estaba muy mal. En esa realidad estaba pensando cuando Mariani le preguntó:

—¿Es correcto lanzarse a la ligera tras la consecución de un sueño sin analizar bien, sencillamente porque me parezca bueno?

—Buena pregunta.

—Gracias. Me imagino que tu respuesta será igual o mejor –aseguró Mariani.

—Lo dudo. ¿Puedo contestarte mañana?

—¿Mañana?

—Sí.

—No creo que podamos vernos. En la mañana pienso lavar la ropa de Yorbiris y tan pronto acabe me iré a casa.

—¿Dónde piensas lavar?

—En el río, por supuesto.

—Entonces podemos vernos ahí. Mientras tú lavas yo te respondo. ¿Qué te parece?

—Genial.

Se despidieron, se levantaron y se dirigieron a la habitación de Yorbiris; la observaron por un momento y sintieron lástima; él le acarició el pelo, y mientras salía de la habitación, se despidió otra vez de Mariani y también de los padres de la joven enferma y se dirigió a su hogar.

Capítulo V
Las Nueve preguntas para convertir los sueños en proyectos

Cuando se quiere, siempre es posible encontrar alternativas de solución.

A MITAD de la mañana del día siguiente Yandy y Mariani volvieron a encontrarse en el río donde se vieron por primera vez. En esa ocasión ella llegó primero. Traía puesto un pantalón corto de color rojo y una linda blusa amarilla.

Estaba sentada justo sobre la roca en la que vio a Yandy leyendo el libro de Coelho, con una batea grande en cuyo interior habían varias prendas de vestir entre espuma y burbujas de jabón. En ambos lados, sobre las piedras, tenía una gran cantidad de ropa, propiedad de Yorbiris y sus progenitores.

—Buenos días, Mariani. ¡Cuánto me place verte por tercera vez!

—Buenos días, Yandy. En realidad el placer es mío.

—Bueno, entonces digamos que es de los dos.

—De acuerdo. Veo que andas con tu mochila.

—Ah, sí. Ella es mi compañera de camino.

—Lo sé.

Mientras conversaban, ella lavaba sin detenerse. Estaba consciente de que si se distraía podía terminar muy tarde.

—¿Cómo amaneció Yorbiris? –le preguntó Yandy.

—En realidad no sé. Cuando salí de la casa ella estaba durmiendo.

—Esa es una señal de que hoy no siente tanto dolor.

—Tienes razón.

En ambos posaron auras de esperanza.

—Si mal no recuerdo, tú y yo tenemos algo pendiente para hoy –aseveró Yandy, a lo que Mariani respondió entusiasmada:

—Sí. Ayer acordamos que aquí y ahora me ibas a dar respuesta a una pregunta.

—¿Me la recuerdas, por favor?

—Te pregunté si es correcto lanzarse a la ligera tras la consecución de un sueño sin analizar bien, sencillamente porque me parezca bueno.

—Definitivamente, no. Eso sería muy peligroso. La desesperación y la improvisación podrían hacerte una mala jugada.

—Entonces, ¿qué me recomiendas? ¿Cuál debería ser mi primera acción antes de lanzarme, si es que decido hacerlo?

—Sería bueno que antes te hagas las nueve preguntas de Ander Egg, y aunque tu sueño sea muy íntimo y estés profundamente enamorada del mismo, procura mirarlo siempre con objetividad.

Mariani no pudo evitar que una sarcástica sonrisa se dibujara en sus tiernos y jugosos labios. Tenía sumo interés en el tema de los sueños, pero le pareció absurda la idea de plantearse nueve preguntas respecto a cada sueño.

—Perdóneme, apreciado soñador. Por si se le olvidó, no estamos hablando de proyectos, sino de sueños –le dijo.

Yandy la miró con extraña ternura y le dijo en tono sereno:

—No pierdas tu tiempo tratando encontrar un gran abismo entre sueño y proyecto, porque no lo hay. Uno es la idea, el deseo, el otro tiene que ver con los procesos imprescindibles para que esa idea o aquel deseo se haga realidad.

—Ya empiezo a entender.

—Eso me alegra.

—Me imagino que las nueve preguntas sólo hay que plantéarselas cuando el sueño es grande y hay que involucrar a otras personas para poder materializarlos.

—En realidad no importa la magnitud del sueño ni la cantidad de actores que han de participar en la búsqueda de la realización del mismo. Basta con que sea un sueño que quieras convertir en un proyecto.

—Okey. ¿Cuál sería la primera pregunta?

—"¿Qué?"

—Que cuál sería la primera de las nueve preguntas que debería hacerme.

—"¿Qué?"

Mariani se sintió molesta, pero tras un breve esfuerzo, sonrió, y su sonrisa esa vez no fue tan dulce ni tan esplendorosa como siempre; hasta la persona más ingenua habría notado que era fingida.

—No sabía que eras tan chistoso, mi admirado soñador. Espero que eso de hacer chistes no lo hayas soñado, porque no eres nada bueno en eso –le dijo, y sus palabras fueron sinceras.

Yandy la miró fijamente a los ojos y afirmó:

—Estás enojada.

—Claro que no.

—No mientas, lo estoy viendo en tus ojos, y hace unos segundos lo vi en tu fingida sonrisa. Creo que también debo sincerarme contigo. Eres mala fingiendo.

Ella inclinó la cabeza al ver que no pudo ocultar una verdad tan evidente.

—Es verdad, me enojé y no pude evitarlo –admitió, mientras surcaba su larga cabellera con los dedos de ambas manos sin importarle que éstas estuvieran mojadas.

—¿Por qué te enojaste?

En ese momento el enojo de Mariani fue mucho más evidente. Frunció el ceño y sintió ganas de insultar al joven que tanto admiraba, pero su respeto hacia él era más poderoso que su ira volcánica. Por eso sólo se limitó a pronunciar una frase:

—Gracias por venir a jugar con mi inteligencia.

Yandy mantuvo la calma. Supo que solo se trataba de una confusión, confió en que un instante el rostro de Mariani dejaría de parecer infernal y retomaría su aspecto de angelical. Él inclinó la cabeza y dijo en tono sereno:

—Pensé que te interesaba saber cuáles son las nueve preguntas, pero apenas te digo la primera, te enojas y decides marcharte.

—¿Qué?

—¡Exacto! Esa es la primera.

La hermosa joven estaba sorprendida y al mismo tiempo avergonzada. Por un instante no supo qué decir ni pudo mirar a Yandy a los ojos. Él, tratando de simplificar la situación, se le acercó un poco más, colocó una mano sobre su hombro derecho y le dijo:

—Ningún verdadero soñador se lanza sobre los sueños como una fiera sobre su presa sin antes analizar.

—¡Guau!

—Sí. Lo primero que hay que hacer es conocer la esencia de eso que te inquieta y en ocasiones te desvela; de lo contrario sería imposible determinar cuál sería la misión.

—Perdóname si peco de ignorante, pero me gustaría saber qué es eso de *esencia*.

—Antes de responderte, me place decirte que el hecho de que quieras saber algo que no sabes no te hace ignorante, sino sabia. Las personas ignorantes no preguntan, pues creen saberlo todo.

—Eso te quedó lindo. Me recordaste al filósofo griego que sabiendo muchísimo, en una ocasión en que alguien lo halagaba por ser tan sabio, se atrevió a decir: *Yo sólo sé que no sé nada.*

—Ése fue Sócrates, uno de los filósofos que más admiro. Con esa frase, él les dio una gran lección a los presumidos de ayer y de hoy.

—Tremenda paradoja, ¿eh?

Yandy abrió los ojos por causa del asombro y al mismo tiempo sonrió, presa de la emoción. Le dijo:

—Con que te has vuelto experta en detección de paradojas.

Ambos rieron. Yandy agregó:

—Ojalá que todos los seres humanos entendamos que la fuente del conocimiento es inagotable y que por lo tanto, siempre habrá algo que aprender y sobre qué actualizarnos.

—Estoy totalmente de acuerdo contigo, y creo que sólo quienes cultiven el valor de la humildad podrán entender y valorar esa verdad.

Ambos sonrieron con sinceridad y ternura, embriagando de armonía las aguas limpias del pequeño río. Yandy miró a Mariani con tanta intensidad que por un instante pareció salir de sí y sumergirse en el mar cristalino de los ojos de la hermosa fémina.

Justo en ese momento iba pasando Randy, un apuesto joven del lugar, que en poco tiempo se convirtió en alcohólico. Se veía triste y amargado como si le hubieran arrancado de raíz su esperanza de ser feliz. Al pasar no dijo nada, su aliento, puro alcohol, habló por él.

A Yandy le pareció extraño no haber escuchado un saludo de Randy. No podía olvidar tan fácilmente que durante su niñez fue el mejor amigo suyo, y que aunque habían tomado caminos distintos, el afecto mutuo había mantenido cierta sobriedad.

Yandy no sabía el porqué del cambio que había dado quien otrora fuera un joven sobrio, amable, respetuoso y detectara todo tipo de bebida alcohólica. Pensó en muchas posibles razones que fue descartando una tras otra.

—Espero tu respuesta –le dijo la hermosa chica, tratando de hacerlo regresar a la conversación.

—Discúlpame. ¿Cuál fue tu pregunta?

—Te dije que me gustaría saber el significado de "esencia".

— ¡Oh, sí, verdad! "Esencia".

—Te noto un poco nervioso. ¿Qué te pasa?

—¿Nervioso? No. Solo estoy un poco distraído.

—¿Solo distraído?

—Y un poco preocupado, tal vez.

—¿Preocupado por qué o por quién, Yandy?

—Por ese joven que acaba de pasar. ¿Lo viste?

—Por supuesto.

—Ése no es él.

Mariani dudó un poco al escuchar esa afirmación. Por un instante pensó que se trataba de un chiste, pero el semblante de Yandy la hizo convencer de que hablaba en serio.

—No entiendo –le dijo.

—Lo que te quiero decir es que él está actuando totalmente diferente a como es realmente. Un problema muy grande lo está empujando por un camino que nunca antes habría querido recorrer.

—Ya entiendo. ¡Qué pena!

—Pero ya dejemos de hablar de Randy y continuemos con el tema. ¿Por dónde íbamos?

—Estabas a punto de decirme qué es *esencia*.

Alejandro Berroa Bello

—*Esencia* es lo que hace que un ser o una cosa sea lo que es. Nada ni nadie puede ser algo o alguien sin esencia.

—¡Guau!

—Insisto: debes conocer tu sueño, describirlo, valorarlo. Cuando hayas logrado eso, entonces podrás hacerte la segunda pregunta.

—Ajá, ¿cuál es?

—*"¿Por qué?"*

Se miraron a los ojos y rieron a carcajadas, recordando la confusión que provocó en Mariani la primera pregunta. Yandy bromeó diciendo:

—Esa es la segunda pregunta. Así que, por favor, no te vayas a enfurecer.

—Sí. Esta vez pude darme cuenta.

—Es el momento de pensar en las causas, motivos o razones que te mueven a hacer realidad tu sueño. Debes tener una idea clara acerca del impacto que ha de tener, de las necesidades que ha de satisfacer, de los beneficios a aportar y los males a evitar.

—Interesante.

—Debes convencerte a ti misma, y muchas veces a otras personas, de que eso que en un momento concebiste como un sueño tiene que hacerse realidad.

—¿A eso es que en elaboración de proyectos se le llama justificación?

—Sí. La respuesta a la segunda pregunta es la justificación. ¿Crees que ya podemos pasar a la pregunta número tres?

—Sí. Cuando usted diga, soñador.

—¡Bien! La tercera pregunta debe ser *"¿Para qué?"*

—Me imagino que aquí se reflexiona sobre la utilidad del sueño –respondió Mariani, mostrando su más dulce sonrisa, ya que estaba fascinada con el tema y se sentía muy cómoda platicando con Yandy.

—Por ahí va el asunto. Es el momento de definir lo que se quiere lograr a través de la realización del proyecto.

—Perfecto. Y la cuarta pregunta, ¿cuál sería?

—"*¿Cómo?*". Se refiere al modo en que se ejecutará el proyecto, a las acciones que hay que emprender, a las posibles batallas que habría que librar.

—¿Podrías ponerme un ejemplo?

—Sí. A ver, imagínate un sueño cualquiera y dime de qué se trata.

—Okey. Digamos que mi sueño es...

—¿Sí?

—Ser profesora universitaria.

—¡Excelente! Para lograr la realización de ese sueño tendrías que dar unos pasos importantes. ¿Tienes el título de Máster en Educación Superior?

—Digamos que no.

—Entonces necesitas hacer la maestría. ¿Cuentas con los recursos económicos para pagarla?

—No.

—Debes buscarlos. ¿Tienes las facilidades?

—Definitivamente no.

—Entonces tienes que aplicar para una beca. ¿Tienes un índice académico sobre los noventa puntos?

—No. Mis notas oscilan entre setenta y ochenta.

Él se detuvo, la miró con cierto grado de lástima y le dijo:

—No tienes que decirme nada personal. Recuerda que sólo se trata de un ejemplo.

Para sorpresa de Yandy, Mariani echó a reír.

—Se te olvidó que estamos suponiendo, ¿verdad? Quiero que sepas que yo nunca ingresé a la Universidad. Apenas me gradué de Bachiller, hace cuatro años; con notas sobresalientes, eso sí, pero por la distancia y por no tener familiares en la capital para hospedarme y quizás también por falta de interés, me he quedado mirando al tiempo pasar mirándome con mucha pena –aclaró ella.

—Sí. Tienes razón; estamos suponiendo. Lamento que no hayas podido continuar con tus estudios.

—Gracias. Si hubiese comenzado desde que terminé el bachillerato, hoy sería casi Doctora.

—¿Te gusta mucho la medicina?

—Me encanta.

—Eres muy joven aún, y si te propones ser doctora, te aseguro que encontrarás la manera.

Cuando Mariani escuchó esas palabras, sus ojos brillaron de alegría y sus labios dejaron ver una sonrisa. Así sonriendo, afirmó:

—Debo decirte que desde aquel momento en que te vi leyendo aquel libro en este mismo lugar, se volvió a despertar en mí el interés por los estudios.

—¡Cuánto me alegra!

—Pero bien, continuemos con el ejercicio. ¿Por dónde íbamos?

—No tienes dinero, descartas la posibilidad de conseguirlo, tu índice no te favorece para aplicar por una beca financiada por el gobierno...

—¿Mi caso está perdido?

—No. Cuando se quiere, siempre es posible encontrar alternativas de solución. Tú puedes encontrar a alguien con el poder suficiente y la óptima intención de ayudar.

—Ya tenemos una parte del "cómo": Haciendo una maestría, para lo cual necesito de alguien que me ayude a conseguir una beca.

—Exacto.

—Cuando tengas la Maestría deberás concursar, elaborar tu Currículum Vitae y llevarlo a las universidades donde desees enseñar.

—Ahora entiendo perfectamente. Ya estoy lista para saber cuál sería la quinta pregunta.

—¿Estás segura?

—Segurísima.

—La quinta pregunta es *"¿Con quién o quiénes?"*. Hay proyectos que para realizarse no requieren la participación directa de otras personas. Sin embargo hay otros que no pueden prescindir de la participación de un equipo.

—Esta pregunta se refiere a los recursos humanos. ¿Cierto?

—Sí. Pero también puede referirse a grupos o instituciones, dependiendo de la magnitud y alcance del proyecto.

—¡Ya!

—¿Nos vamos con la sexta?

—Sí. Adelante con la sexta pregunta.

—"¿Con qué?" Se refiere a los recursos materiales y financieros.

—¡Uy! Sin eso no hay pa´ nadie.

—Así es.

—¿Cuál sería la séptima pregunta?

—"¿Cuándo?" Es importante cronometrar las actividades, fijar fecha de inicio de ejecución y, a no ser que sea por tiempo indefinido, también es necesario saber hasta cuándo estará vigente.

—¡Qué bien!

—Las dos preguntas restantes son: "¿Dónde?" y "¿Para quién o quiénes?

—Déjame adivinar. Una se refiere al lugar en que se va a ejecutar el proyecto, y la otra a las personas que va a beneficiar.

—¡Exactamente! Dicho de otra forma, una se refiere a la ubicación y la otra a los beneficiarios directos e indirectos.

—¿Cuál es la diferencia entre beneficiarios directos e indirectos?

—Te lo explicaré con un ejemplo. ¿De acuerdo?

—Sí. Adelante.

—Una escuela de formación técnico—laboral capacitó a cincuenta madres solteras de un barrio marginado de la capital, logrando así que se insertaran en el mundo productivo, incrementaran sus ingresos y mejoraran la calidad de vida de sus respectivas familias y contribuyeran con el desarrollo de toda la comunidad.

—Ya lo tengo –aseguró Mariani.

—¿Sí?

Sí. En este caso, las madres solteras vienen siendo los beneficiarios directos.

—Muy bien. ¿Y los Indirectos?

—Sus respectivas familias y toda la comunidad.

—Correcto –le dijo Yandy.

Él estaba sorprendido por la facilidad con que Mariani aprendía. Para ver cómo ella reaccionaba, le preguntó:

—¿Puedes decirme con pocas palabras a qué se refiere cada una de las nueve preguntas de Ander Egg?

Solo bromeaba. No esperaba un sí como respuesta, pero para su sorpresa Mariani asintió moviendo la cabeza, y sin tiempo que perder le dijo:

—Puedo intentarlo. Trataré de resumir con una sola palabra por cada pregunta.

Yandy no lo podía creer.

—¿En serio? –le preguntó.

—Sí. Yo puedo.

—¿Estás segura, Mariani?

—¿Por qué tanta duda, soñador?

Hizo una breve pausa, miró con detenimiento a Yandy y agregó:

—El maestro que duda del aprendizaje de su alumno, duda de sí mismo, y tú eres mi maestro.

Yandy sintió que ella acababa de darle la lección de su vida. Tartamudeó al momento de decir:

—Perdón.

—Perdonado

—Es que me parece imposible que tan pronto puedas hacer eso, aunque sé que eres inteligente.

—Solo déjame intentarlo. ¿Me prestas un bolígrafo, por favor?

—Sí, claro –respondió Yandy mientras buscaba en su mochila un cuaderno y un bolígrafo.

Mariani metió las manos en el agua de aquel río para quitarse la espuma de detergente que tenía entre sus dedos, se las secó con una toalla y las extendió para recibir los útiles que le pasó Yandy.

—Gracias, maestro. Con su permiso, voy a escribir.

—Permiso concedido. Pero, por favor, no me digas maestro. No merezco que me llames así.

No habían transcurrido tres minutos desde que ella se puso a escribir en el cuaderno cuando dijo:

—Listo.

—¿Qué?

—Ya está. Mira.

Dicho eso, le pasó el cuaderno y continuó lavando la ropa. Por largo rato, Yandy no pronunció palabra alguna. Sus bellos ojos bien abiertos hablaron por él. Aunque lo hubiese intentado, no habría podido ocultar su asombro. Miró el cuaderno una y otra vez, y también a Mariani.

—Mariani, eres increíble. Tienes una mente prodigiosa –le dijo.

—Gracias, Yandy.

Lo que Mariani había hecho en el cuaderno era una tabla formada por dos columnas y diez celdas con el siguiente contenido:

El esquema: Nueve preguntas, nueve palabras

Las preguntas	Las palabras
"¿Qué?"	Misión
"¿Por qué"	Justificación
"¿Para qué?"	Objetivos
"¿Con quién?"	Responsables
"¿Con qué?"	Recursos
"¿Cómo?"	Actividades
"¿Cuándo?"	Fechas
"¿Dónde?"	Ubicación
"¿Para quién?"	Beneficiarios

Después de mucho halagar a la chica, sin salir de su asombro aún, Yandy le dijo:

—Es bueno que sepas que lo que te he dicho que acerca de las nueve preguntas no ha sido creación mía, lo leí en un libro titulado Formulación de Buenos Proyectos, donde el autor destaca la importancia de esas nueve preguntas propuestas por un destacado sociólogo y pedagogo argentino llamado Ezequiel Ander Egg.

—Ya sabía que la propuesta de hacerse las nueve preguntas es de Ander Egg. Es la tercera vez que lo dices. Lo que ignoraba era de dónde las tomaste. De todos modos hay que destacar que dominas el tema muy bien y que eres muy bueno enseñando lo que sabes. A mí me importa poco si lo has aprendido de otro o no.

—Muchas gracias.

Por un momento Mariani se levantó para enjuagar algunas sábanas y prendas de vestir, las exprimió y tendió una parte sobre las rocas donde pudieron llegar los pocos rayos de sol que no fueron derribados por las gigantescas amapolas que se unieron para formar la gran muralla que protegía las aguas de aquel río.

Mientras se acomodaba para seguir lavando, le preguntó a Yandy:

—¿Es posible trabajar por la realización de varios sueños a la vez sin que se pierda la esencia de ninguno?

—Sí lo es. Pero hay que tener mucho cuidado, saber priorizar, evitar confundir uno con otro y no perder jamás el horizonte –le respondió él.

—¿Cómo llamarías tú a esos que se pueden ir realizando al mismo tiempo sin que sean afectados ni sueños ni soñador?

—Sueños paralelos.

—¡Qué lindo suena!

—También hay sueños múltiples que además de que se pueden ir realizando a la vez, se complementan, produciendo así esa sinergia que trae alegrías.

—¿Cómo llamarías a esos?

—A esos los llamaría sueños entrelazados.

—¡Genial! ¡Me encanta! –aseguró Mariani.

—¿Mucho?

—Mucho es poco; muchísimo, diría yo.

—¡Qué bien!

—Cuando tenga mi primer hijo voy a contratarte para que le pongas el nombre. Eres muy bueno en eso.

Yandy aprovechó la ocasión para bromear diciendo:

—Algo en mi interior me susurra que probablemente el primero de tus hijos llevará el mismo nombre que el primero de los míos.

Al escuchar esas palabras, Mariani sintió que su cuerpo se estremeció tiernamente y que por un instante su corazón latió tan fuerte que pareció desprenderse de su pecho.

—¡Uf! —fue lo único que pudo decir.

—¿Qué pasó?

—Nada.

Después de aquello no se habló mucho aquel día. Mariani se limitó a darle las gracias a Yandy por haber compartido con ella sus conocimientos. Cuando terminó de lavar, colocó la ropa mojada en la batea, recogió toda la que había tendido sobre las rocas y la envolvió en una sábana.

Yandy observaba detenidamente cada uno de sus movimientos hasta que ella se recogió el cabello, tomó un trozo de jabón y se metió en el charco para bañarse. No importó que tuviera puestos el pantalón rojo y la blusa amarilla con que llegó al río. En ese momento el pudor y el respeto hicieron acto de presencia. Ella le dijo:

—No mires.

Eso bastó para que él se dirigiera a otra parte del río donde se dio un agradable baño y esperó hasta que ella le gritó:

—¡Ya!

Él se le acercó de prisa y vio que ella temblaba de frío debido a que su ropa mojada yacía adherida a su piel suave y lozana como hiedra que se aferra a una indefensa pared.

Cuando vio que ella se preparaba para cargar la pesada batea, Yandy le pidió que le permitiera llevarla. Ella aceptó y de inmediato tomó la ropa que había envuelto en la sábana y se la puso en la cabeza. Así se dirigieron hacia la casa de Yorbiris, donde tristemente se despidieron sin saber cuándo volverían a verse.

Capítulo VI
LA eNTReVISTA

...En cada feto que vive yo veo a un futuro soñador.

YA HABÍAN transcurrido cinco meses desde que Yandy empezó a laborar como docente en la Escuela de los Guineos y dos semanas, apenas, del inicio de una relación amorosa entre él y Mariani, hecho que no fue sorpresa para ninguno de los que veían cómo se trataban, puesto que la química que había entre ellos era evidente.

Un sábado de febrero al caer la tarde, se encontraron próximo a la escuela. Ese día no hubo espacio para diversión y chistes, ni para hablar de sueños, debido a que tan pronto se saludaron ella reclinó su cabeza sobre el pecho de él y le dijo:

—Mi papá quiere verte.

Él se preocupó en demasía, debido a que Mariani le había dicho que el señor Ramón clase era un hombre de carácter recio y extremadamente celoso. Después de un breve silencio le preguntó a su amada soñadora:

—¿Pasa algo malo?

—Parece que sí. Cuando me dijo que quería hablar contigo tenía la cara como un machete.

La preocupación de Yandy se incrementó.

—¿Será que ya sabe de lo nuestro?

—Yo me imagino que sí, pero no sé cómo pudo haberse enterado tan pronto.

—Se suponía que mañana se lo íbamos a decir y ahora resulta que él es quien nos lo dirá a nosotros.

—A nosotros no, a ti.

—¿Me vas a dejar solo?

—Sí. Son las reglas de juego, mi soñador.

Al día siguiente, Yandy se presentó cargado de incertidumbre en casa de Mariani, a quien saludó con un tímido abrazo mientras Ramón Clase y su introvertida esposa lo observaban hasta que se les acercó y los saludó también a ellos.

Al rato Mariani se dirigió a su habitación y Dominga a la cocina. Ramón y Yandy se acomodaron en la sala y sin preámbulo alguno, el anfitrión comenzó a entrevistar al visitante.

—¿Usted quiere mucho a mi hija?

—La amo con todas las fuerzas de mi corazón, don Ramón.

Ramón Clase frunció el ceño, sacudió la cabeza y comentó:

—¿Ves? Ya comenzamos mal.

Los latidos del corazón se aceleraron peligrosamente. No tenía idea alguna de la razón por la que el padre de su amada le dijo esas palabras.

—¿Cómo te atreves a decirle *Chilindrina* a mi hija en mi propia cara?

Yandy le preguntó confundido:

—¿Pero por qué dice eso?

—Me está diciendo *don Ramón*, y ella es mi hija.

Yandy sonrió tímidamente. Estaba tan asustado que su característico sentido del humor en ese momento no afloró.

—¡Yandy! Es un chiste –le gritó Mariani desde su habitación.

—Es para que se relaje, profesor. Lo siento nervioso desde que llegó –añadió Ramón.

Todos rieron a carcajadas. Después de un breve silencio, el padre de Mariani clavó su mirada en los ojos de Yandy y continuó con el interrogatorio.

—¿Usted cree que en este mundo donde hay tanta maldad y violencia verdaderamente existe un Dios Todopoderoso?

—Lo creo firmemente.

—¿Usted es de los que piensan que después de un niño haber sido concebido en el vientre de su madre ya hay que preservarlo y garantizarle la vida?

—Sí, señor. Gracias a Dios soy uno de los que piensan así –respondió Yandy, mostrando convicción plena. Y agregó:

—Permítame decirle que en cada feto que vive, yo veo a un futuro soñador.

—¿Y si por cosa de la vida esa criatura potencialmente soñadora que usted ve, nace con una condición que le impide soñar, entonces qué ve?

—Cuando eso sucede, en esa criatura inocente veo al mismo Dios queriendo recibir el amor y la atención de unos padres que sí pueden soñar; veo también a un ser humano con la capacidad suficiente para unir más a una familia y llenar de ternura todo un hogar.

Ramón supo disimular muy bien el gran impacto que le causó esa respuesta. Rápidamente se pasó la mano derecha por la cara e hizo la siguiente pregunta:

—¿Usted es de los jóvenes románticos que andan dando serenatas a altas horas de la noche?

—En realidad no lo he hecho porque nunca antes me había enamorado, pero siempre y cuando a mi novia le guste y sus padres lo permitan, eso me encantaría.

El anfitrión pareció restarle importancia a la sincera respuesta de Yandy o sencillamente se distrajo mirando la mochila del joven.

—¿Qué es lo que usted carga siempre en esa mochila que nunca se apea? Yo lo he visto muchas veces pasar en su motor con ella enganchada. ¿O usted cree que es la primera vez que lo veo?

—Le voy a contestar lo mismo que le contesté a su hija cuando me hizo esa misma pregunta –le respondió Yandy.

—A ver, ¿qué fue lo que le contestó?

—Aquí traigo conmigo asuntos relacionados con mis más preciados sueños.

—¿Verdaderamente usted cree en la importancia de los sueños? Sí o no.

—Sí, señor.

En ese momento el pensamiento de Ramón clase pareció viajar hacia el pasado para encontrarse con su presente anterior, y suspiró como si lamentara algo de lo vivido. Entonces fijando la mirada en el techo de su modesta casa aseguró:

—Yo no me quejo de lo que hasta ahora he podido lograr en la vida. Sin embargo, admito que en algunas ocasiones me siento ahogado por la añoranza de lo que una vez quise y no pude llegar a ser.

Hizo una pausa, volvió a suspirar, arrojó su mirada al suelo y continuó diciendo:

Era yo apenas un adolescente de catorce años cuando jugué beisbol por primera vez en una liga reconocida por organizaciones deportivas internacionales. Ese día batié y corrí tan bien que el entrenador se atrevió a asegurar que si yo perseveraba llegaría bastante lejos.

Al regresar a casa, me dirigí corriendo hacia mi padre para ponerlo al tanto de mi gran hazaña. Le dije: "¡Papá! ¡Papá! Hoy batié muy bien y me robé la segunda y la tercera".

Ramón hizo una breve pausa, se deslizó en su asiento un poco hacia adelante, entrecruzó los dedos de sus manos, puso a girar ambos pulgares uno sobre el otro, en dirección opuesta, y le preguntó a Yandy:

—¿Y Cuál piensa usted que fue la reacción de papá?

—Bueno, lo lógico era que se sintiera muy contento y lo felicitara.

—Pero aunque usted no lo crea, el viejo se enfureció tanto que con su mano izquierda me agarró por un brazo y con la derecha me propinó unas cuantas bofetadas; media docena, más o menos.

—¡Eso es increíble! No logro siquiera imaginar por qué lo hizo.

—Cuando le pregunté por qué me pegaba, él me miró fijamente con sus ojos enrojecidos por causa de la rabia, me dio una bofetada más y me dijo, mostrando inmensa indignación: "En mi familia nadie roba, caramba".

—¿Usted me está diciendo que su papá entendió que había deshonrado a la familia porque se robó la segunda y la tercera base? –le preguntó Yandy, notablemente escandalizado.

—Por eso mismo. Esa fue la primera vez que vi a papá llorando, y todo por culpa de un mal entendido, y aquella fue la última vez que jugué pelota.

—¡Wao! ¡Qué triste! Me imagino lo que usted sufrió.

—La cosa fue tan fuerte que ese día al viejo casi le dio un infarto.

Dicho eso, Ramón Clase se levantó de su asiento, extendió su mano derecha para estrechar la de Yandy.

—Bienvenido a la familia –le dijo.

—Muchas gracias –le contestó Yandy embargado de alegría.

—Le digo que es bienvenido a esta familia porque veo en usted muchos grandes valores y admirables convencimientos.

—Gracias de nuevo, señor Ramón.

—¿Sabe qué? A usted no le voy a exigir que respete a mi hija.

—¿Cómo que no, si eso es lo primero? –replicó Dominga desde la cocina, donde se encontraba preparándoles un café cuyo aroma inundó todos los rincones de la modesta vivienda.

—Ven acá, mi reina, para explicarte. ¡Mariani! ven tú también.

En cuestión de segundos Mariani salió de su habitación y se dirigió a la cocina para ayudar a su madre con el café y ambas se dirigieron a la sala donde se encontraban los dos varones. Mientras la joven les servía, Ramón miró a su amada esposa y le preguntó:

—¿Quieres saber por qué no le voy a pedir a Yandy que respete a nuestra hija?

—Claro que quiero saberlo –le respondió ella.

—No le voy a pedir eso porque no es necesario.

—¿Tú dices que no es necesario que nuestra hija sea respetada?

—No le voy a pedir que la respete porque ya me dijo que la ama con todas las fuerzas de su corazón, y yo le creo.

—¿Y?

—Yo sé muy bien que el que ama respeta, tolera y perdona.

—Ah, ya entiendo –aseguró la madre.

Entonces Ramón dirigió su mira da a Yandy y le dijo:

—Lo único que le voy a pedir es que nunca deje de amarla, porque donde no hay amor, el respeto, la tolerancia y el perdón pueden brillar por su ausencia.

—Le prometo que mientras yo respire la seguiré amando, aunque ella ya no viva o sencillamente haya dejado de amarme –respondió el soñador.

Enternecida por esas palabras que salían del fondo del corazón de Yandy, Mariani afirmó:

—Soñador de mis sueños, mi amor por ti caducará tres días después de que yo expire.

Ramón y Dominga se retiraron. Yandy y Mariani estaban felices porque su relación amorosa ya contaba con el consentimiento de los mayores de la casa.

Los novios estaban parados frente a frente, agarrados de la mano, cuando escucharon la voz de Ramón, quien se les acercó diciendo:

—Perdonen.

—No se preocupe –le respondió Yandy.

—Mi yerno, he vuelto a decirle que la historia del niño que soñaba con ser pelotero no es mi historia, y ni siquiera sé si es real.

—¡Cómo!

—Ya lo sabes. No quería que te fueras creyendo que yo pasé por tan amarga experiencia.

—Pero si esa historia no es su historia, ¿de quién es?

—La leí hace un tiempo. Es parte de la escena número catorce del guión de una película que nunca fue rodada. A mí también me conmovió mucho. Por esa historia fue que yo decidí un día hacer todo lo que esté a mi alcance para ayudar a Mariani a lograr la realización de sus sueños.

—Ese es mi papá, el mejor del planeta –dijo Mariani rebosante de gozo.

Los tres rieron a carcajadas. Tras un breve silencio, Yandy dirigió su mirada a Ramón y le dijo:

—Veo que usted es un hombre muy culto.

—No tanto, pero con esfuerzo uno aprende algo –le respondió.

—¿Cuál es su nivel académico?

—Dejé de estudiar cuando terminé el tercero.

—¿El tercero de bachillerato solamente? Usted sé expresa como todo un profesional.

Ramón echó a reír sin decir nada. Mariani aclaró:

—Mi amor, él tuvo que dejar los estudios cuando pasó a cuarto de primaria, no de bachillerato.

—¡Ay, Santo! ¡Mi suegro es un cerebro! –exclamó Yandy, presa del asombro.

—Ahora sí me retiro –les dijo Ramón mientras se dirigía hacia el patio caminando lentamente.

Cuando éste se alejó, Yandy le dijo a Mariani:

—Tu papá es un amor.

—Sí. Él es una ternura.

—¿Por qué me hiciste creer que él era un ogro?

—Por nada. Solo estaba poniendo a prueba tu valentía.

—Supongo que pasé con buena nota.

—Sí, te fue muy bien.

Ese día el esplendor de la alegría iluminó tiernamente la sala de aquella casa. Yandy y Mariani celebraron con besos y abrazos la aprobación de su linda relación por parte de Ramón y Dominga. Flotando en un mar de ensueños, bañaron encantos, pescaron anhelos, y desearon que el futuro estuviera presente.

Capítulo VII
MARIANI TOMA UNA DeCISIÓN AGRIDULCe

Cuando no quieras que alguien sueñe en grande, no le enseñes la grandeza de soñar.

DeSDe AqUeL domingo, habían transcurrido dos meses completos de puros ensueños y un descollante gozo que parecía eterno y sin interrupción, hasta una noche en que Mariani estaba en su habitación al lado de una vieja lámpara, organizando algunas prendas de vestir, llorando entre sollozos y suspirando tristemente mientras en su pequeño radio se escuchaba una canción de Camboy Estévez.

De pronto, el ruido enloquecedor de una motocicleta que se detuvo frente a su casa, la hizo reaccionar. Ella sabía que Yandy, su gran amor, su poeta, su soñador, había llegado.

La hermosa novia bajó el volumen del radio, tomó una vieja lámpara y se asomó despacio a la ventana; sonaron las cuerdas de una guitarra liberando la suave melodía de una bella canción cuyas letras escribiera Yandy exclusivamente para ella. Una canción capaz de penetrar almas blindadas por la indiferencia o el desamor. He aquí sus letras:

> Esta vez, bajo tu ventana
> con amor, esta canción
> noche gris, lluviosa y callada,
> sé que suspiras en tu habitación.

No pretendo hurtar el cariño
que a los tuyos les sueles brindar;
hace frío, necesito abrigo,
a tu casa, permíteme entrar.

Déjame entrar en tu casa,
en esta madrugada
que afuera está lloviendo,
que se me hiela el alma.

Déjame entrar en tu casa,
no voy a hacerte daño,
hoy vuelvo a confesarte, mi bien,
lo mucho que te amo.

La fuerza y el sentimiento con que el Yandy interpretó aquella canción, llegaron hasta el fondo del corazón de Mariani, y se bañaron entre las burbujas de encanto que allí producía cada latido, mas las letras de tan linda composición parecieron convertirse en lágrimas; y en suspiros, los acordes de la vieja guitarra.

La hermosa muchacha intentó ocultar una evidente tristeza que la embargaba, pero mientras salía de su aposento y se acercaba a él para saludarlo, echó a llorar.

El corazón de Yandy se desplomó en su pecho, y por un instante, presa del temor a escuchar lo peor que se le puede decir a un ser enamorado, enmudeció. Entonces abrazó a su hembra, la besó tiernamente, suspiró profundo y le preguntó:

—¿Qué ha pasado, vida mía? ¿Por qué lloras como quien tiene destrozada el alma?

—Mi profe, tú sabes que yo te amo, y yo estoy convencida de que tú me adoras. Pero...

—¿Pero qué, primor? No me digas que te vas de fin de semana para donde Yorbiris, porque me mataría el dolor –bromeó Yandy, tratando de ocultar su evidente preocupación.

ALEJANDRO BERROA BELLO

Fue la primera vez que Mariani no reaccionó ante un chiste de Yandy, razón suficiente para que él entendiera que algo doloroso estaba a punto de suceder.

—En realidad no se trata de un fin de semana –le respondió en tono sereno, tapando su rostro con una almohada.

Tras un instante se descubrió el rostro, miró a Yandy fijamente a los ojos y continuó diciendo:

—Me voy a vivir para la Ciudad, voy en busca de la realización de un sueño. Papá y mamá están tan interesados en ver mi superación que decidieron vender todos los animales y arrendar una parte de la tierra para comprar una mejora allá, aunque mientras tanto vamos a vivir en una casa alquilada. Quieren que yo sea profesional, y ese se ha convertido en uno de mis más preciados sueños.

Yandy no pudo impedir que un nudo más pesado que una piedra se formara en su garganta, y luego suspiró e intentó convencerla de que se quedara.

—¿Vas a dejarme ahora por una carrera universitaria? Tú sabes bien que yo quiero que seas profesional, pero ¿por qué no haces primero un curso técnico, nos casamos y luego vas a la Universidad?

—Mi amor, no te estoy dejando. Estoy posponiendo un sueño que puede esperar para ir en busca de la realización de uno cuyo tiempo se agota.

—¡Dios! ¡No puede ser!

—¿Recuerdas lo que me dijiste acerca de los sueños entrelazados?

—Sí.

—Entonces asumamos esto como tal. Tu pasión por los sueños, tu optimismo, y tus palabras de aliento son la linda causa de eso que tanto te entristece.

—Perdón, mi cielo. Acabo de pecar de incoherente.

—Tú me ayudaste a descubrir mis alas. Ahora tienes que dejarme volar sin perder la esperanza de que volveré a ti.

—Perdón, Mariani. He sido egoísta contigo, y eso está muy mal.

—Créeme que esto ha sido y será sumamente difícil. Me duele pensar que la distancia nos separará por cierto tiempo. Pero tiene que ser así.

—Mucho tiempo, sin dudas.

—Amor, ¿te doy un humilde consejo?

—Sí. Adelante.

—Cuando no quieras que alguien sueñe en grande, no le enseñes la grandeza de soñar.

—¡Wao! Muchas gracias, mi reina. Voy a tomar en serio tu sabio consejo.

En ese momento, se dieron un fuerte abrazo y al mismo tiempo rieron como locos y lloraron como niños desamparados. Aquello fue muy extraño. Mientras Yandy secaba las lágrimas de Mariani con sus pulgares, ésta le dijo:

—Mi tiempo de hacerme Doctora en medicina es ahora, el de ser esposa y madre llegará después.

—No se diga más. Así será.

Se dieron un fuerte abrazo y Yandy le preguntó:

—¿En qué lugar van a vivir?

—En el Barrio La Ciénaga, cerca del río Ozama, según me dijo papá.

—¿Él conoce bien el lugar?

—No.

—¿Entonces quién? ¿Tu madre?

—Tampoco. Mi tío es quien conoce todos los detalles del lugar y de la casa. Él fue quien alquiló la casa donde vamos a vivir hasta que podamos conseguir una buena mejora.

—Bueno, como vivirás cerca del río Ozama, de vez en cuando te enviaré cartas y poemas en barquitos de papel, a través de sus aguas.

Mariani sonrió dulcemente, colocó las manos sobre los hombros de Yandy, lo miró a los ojos y le dijo:

—Nunca olvides que te amo. Y créeme que vaya a donde vaya, siempre estaré pensando en ti, soñador de mis sueños.

Yandy acarició las mejillas de su amada, la abrazó y le dio un beso en la frente.

—Te amo tanto que a veces siento celos de mí mismo –le dijo.

Por un breve instante guardaron silencio. Sólo se escuchó el croar de las ranas y, muy lejos de ahí, los ladridos de un perro desvelado, hasta que Yandy habló de nuevo.

—Amor, ya tengo que irme; es un poco tarde.

—Sí, vete, antes de que mi papá te saque a palos –contestó ella. Y ambos echaron a reír mientras extraía del bolsillo de su mochila un papel.

—Mira lo que te traje.

Ella lo abrió despacito sonriendo como de costumbre.

—¡Oh! ¡Un acróstico!

—Sí.

—Tú siempre con tus detalles capaces de derretir el corazón más frío que pudiera existir en una chica.

—Y tú con tus lindos halagos.

—Siempre merecidos.

Entonces se despidieron. Él tomó la guitarra, la introdujo en su estuche y la colocó en su espalda, luego se abalanzó sobre la motocicleta y, a oscuras, para evitar hacer ruido recorrió unos cuantos metros empujándola por un camino angosto entre el cacaotal de la familia de su amada. Cuando entendió que no molestaría a nadie, encendió el aparato y se alejó.

Mariani cerró la ventana y se acercó a la humeante lámpara, abrió el papel que le entregó Yandy y lo leyó una y otra vez. He aquí, íntegras, las letras el mejor poema de amor jamás leído en toda la comarca:

> **M**i alma te busca entre mis sueños
> **A**nsiando verte en cada amanecer.
> **R**eina de mis días y mis noches
> **I**nmenso amor por ti vive en mi ser.
> **A**l verte allí sentada junto al río
> **N**o puedo yo negar qué imaginé:
> **I**nmerso en ti nadaba tiernamente
> **P**ensé que eras el río, y yo un pez.

Ella sonrió dulcemente, miró hacia el techo, y después de suspirar y suspirar, apagó la vieja lámpara; se acostó boca arriba con su cabeza sobre ambas manos con los dedos entrelazados y se puso a pensar en cada verso de aquel poema, en su anhelado sueño y en su soñador amado, al tiempo que miraba a dos luciérnagas que recorrían su habitación e iluminaban su linda cara.

Capítulo VIII
LA DeSpeDIDA

Sé que el éxito nunca ha ido al encuentro de nadie y que por lo tanto hay que salir a buscarlo.

EL DÍA en que Mariani partió, Piedra Azul se inundó de lágrimas. En ese tiempo la gente de esa comunidad encumbrada en lo más alto de Peralvillo no estaba acostumbrada a ver partir a los suyos.

Fuertes abrazos, palabras entrecortadas y profundos silencios cavados con sollozos fueron parte esencial de aquella escena de dolor en la malograda carretera. Mariani, Ramón y Dominga estaban a punto de dejar un vacío que nadie jamás podría llenar.

Estaban a punto de alejarse de su hogar entre montañas, donde respiraban aire puro y se bañaban con las aguas limpias de ríos y manantiales, para vivir bajo un techo inseguro, en la periferia de un barrio marginado de la Ciudad.

Para la mayoría de los lugareños aquella decisión fue una locura, para Mariani, la mejor opción, aunque estaba convencida de que acercarse a su meta suponía un gran sacrificio, que consistía en dejar su casa, sus cosas y su gente.

Yandy estaba ahí, triste por el distanciamiento temporal, pero con la satisfacción de saber que si Mariani estaba a punto de partir era porque quería hacer realidad un sueño que dormía como volcán y fue despertado por el terremoto de sus motivaciones.

Las pocas pertenencias que llevaban, ya estaban bien aco-modadas en la vieja camioneta de Juan, uno de los pocos trans-portistas conocidos en Piedra Azul.

Ya los padres de Mariani se habían despedido de todos; solo esperaban a que ella se despidiera de Yandy. Consciente de ello, la joven se dirigió a donde se encontraba él de pie, en la parte más alta del lugar desde donde vería la camioneta partir y ale-jarse. Cuando ella se le acercaba, Yandy hizo un gran esfuerzo por sonreír y luego le dijo:

—No voy a llorar.

Ella sonrió tiernamente, lo abrazó y le cantó un trozo de una de las más tristes canciones de despedida que él había escuchado:

¡Cómo duele alejarse si se está dejando un gran amor!
¡Cómo duele tomar su equipaje y llorando el corazón!
¡Cómo duele partir cuando se quiere de verdad!
¡Cómo duele alejarse del ser que se ama con lealtad!

Al escuchar la dulce voz de Mariani, todos los amigos, pa-rientes y vecinos que estaban ahí, se les acercaron y los rodearon. La mayoría de las mujeres lloró. Mariani se puso nerviosa, pero eso no le impidió que entonara unos versos más de la hermosa canción de Anthony Ríos:

Cuando canten las flores su alegre canto primaveral
Cantarán corazones que por ahora llorando están.

—No voy a llorar –volvió a decirle Yandy, pero esta vez su-surrándole al oído para no ser escuchado por el gentío.

—Sé que no permitirás que toda la comunidad de Piedra Azul sepa que tú eres un llorón –le respondió ella bromeando.

—Esa no es una razón suficiente para que yo no llore en este día. Hay una mucho más fuerte.

—¿Cuál es esa razón?

—Sé que el éxito nunca ha ido al encuentro de nadie y que por lo tanto hay que salir a buscarlo.

—Excelente, mi amor. Por favor, hoy no me digas nada más.

—¿Por qué?

—Quiero irme saboreando esas palabras tan sabias. Ellas me darán fuerza durante el camino. Las recordaré siempre y espero que tú nunca las olvides.

Yandy movió la cabeza como señal de que estaba de acuerdo con tal solicitud. Se abrazaron, se despidieron con un beso y ella se abrió paso entre la gente mientras batía las manos diciendo adiós.

—Los quiero a todos. Volveré –gritó llena de ilusión, y de inmediato echó a correr hacia la camioneta.

Cuando el vehículo se alejó, todos voltearon para ver al más afectado por aquella partida: Yandy. Sabiendo que él estaba muy triste, un varón sexagenario le dijo:

—Valoi, amigo; valoi. Usté como maestro debe conocei bien ei refrán que dice que uno poi su mejoría hasta su casa dejaría.

Una dama muy observadora, al notar que unas lágrimas estaban a punto de rodar por las mejillas del soñador enamorado, trató de solidarizarse con él diciéndole:

—*Llora si quiere llorai, que ei llanto le hace bien al aima*, como dice la canción.

—¡No señoi! Los hombre no lloran –replicó el carnicero del lugar.

En esa ocasión Yandy no lloró, pero aquel fue uno de los días más tristes de su vida.

Capítulo IX
Mariani llora junto al río

*Aquel día de tristeza y ternura, en el Ozama desem-
bocaron lágrimas dulces y amargas*

Al día siguiente, cuando los rayos de sol terminaban de beberse las últimas gotas del rocío que la madrugada dejó sobre los matorrales, estando en La Ciénaga, Mariani caminó hacia la orilla del río Ozama; se detuvo, y al ver cuán grande era la contaminación de aquellas aguas, lloró embargada de nostalgia. Motivos para llorar tenía en demasía.

Allí, sentada sobre la yerba, ella escribió un triste poema mezclado con tinta y lágrimas. Con sobrada razón lo tituló "Agonía del Ozama". He aquí las letras:

¡Ay!
*¡Quien te viera gatear entre las rocas donde la montaña te
parió en silencio,*
*o escuchara el canto misterioso de tus aguas cristalinas
mientras bajas ya de prisa
recogiendo recados de tus afluentes para llevarlos al mar!*

¡Ay!
*¡Quien viviera aquel momento en que tus corrientes se enla-
zaron con las de Río Verde*

o cuando decidiste llevar sobre tu espalda
a un Guanuma derrengado por el peso de Máyiga!
¡Sinergia indescriptible, paradigma de nobleza!

¡Ay!
¡Quien te viera jugando con hojitas de amapolas,
refrescando el pudor de mil doncellas,
bañando municipios, regando plantíos,
lavando los troncos de grandes palmeras!

Ignorabas que en el camino te habían tendido una emboscada,
causa segura de un triste final marcado por una lenta agonía:
Enemigos que acechaban para verter en tu interior su veneno.
Desechos sólidos, aguas residuales y aceite de barco abando-
nado
también matarían a tus peces medio muertos.

¡Qué dolor! ¡Cuánta tristeza!
¡Y cómo duele en el alma ver cuando te arrastras ya sin fuerzas
cual serpiente moribunda!
¡Qué dolor! ¡Cuánta impotencia!
No pudiste evitar el mal sabor del beso contaminado de Isabela;
¡Contagio mutuo! ¡Suerte adversa!

Ahora estás llorando lodo, como si algo malo te causara la más
honda de las penas.
¿Será la crueldad de tus verdugos?
¿O acaso absorbiste también la miseria del niño indigente que
vive en tus orillas?
¿Te habrá deprimido su futuro incierto?
¿Lloras porque no puedes endulzar el mar con aguas limpias
perfumadas con las blancas flores de naranjo y de café?
Aquel siempre fue tu más dulce anhelo.

ALEJANDRO BERROA BELLO

No respondas, ya sé por qué...
Lloras porque sabes que te mueres
sin saber si al final tienes agua o veneno.

Cuando terminó de escribir esos tristes versos, se quedó muy quieta y en absoluto silencio lloró como quien pierde a un hermano querido. Sus lágrimas fueron tantas que bajaron hasta las aguas del río, convirtiéndose así en el más puro de sus afluentes.

Convencida de que no debía dejarse ahogar por la tristeza y la añoranza, abrió su cartera y se puso a buscar entre varios papeles hasta que encontró siete poemas de amor que había conservado celosamente, porque ella fue quien los inspiró, y quien los escribió fue Yandy, después de leer en la Biblia el Cantar de los Cantares.

Algunos de los que los leyeron o los escucharon después, aseguraron que Mariani había sido idolatrada, y que por lo tanto, Yandy había cometido un grave pecado. Pero otros dijeron que sencillamente fueron siete poemas de amor que salieron del alma de un poeta enamorado; ésos acusaron de envidiosos a quienes juzgaron a su autor, y afirmaron con ahínco que la envidia también es un pecado.

A continuación los siete poemas de amor que cautivaron el corazón de Mariani y sembraron discordia entre los que los leyeron o los escucharon:

1. El murmullo del viento

¡Ay!
¡Si tan sólo pudieras agudizar tus sentidos e inclinar tu mirada!
Verías mis más lindos sueños andar detrás de ti, como tu sombra
y mis manos temblando por acariciar tu piel.

¡Ay!
¡Si pudieras escuchar el murmullo del viento al conversar con
mis suspiros
y sintieras los latidos de un corazón que con fuuerza volcánica
calientan al sol!

¡Ay!
¡Qué sería de los que aman, si no existiera el amor!

2. Las cosas del amor
Aun cuando no llueve siento que la lluvia cae despacito
lavando el manto negro de mis noches grises
mi corazón yace enternecido en el césped del silencio,
aguardando la ternura de un amor que ha de volver.

Mis pensamientos vuelan sin descanso
en busca de un nuevo Edén
donde no haya frutos prohibidos
ni serpiente, ni tentación
ni fratricidios ni culpas;
¡Ay, las cosas del amor!

3. Preguntas
¿Eres lluvia fresca?
¡Ven, riega mis campos!
¿Tierna mariposa?
¡Vuela en mi jardín!
¿Suave melodía?
¡Quédate en mi canto!
Quiero ser tus cuerdas, si eres violín.

4. ¡Qué bonito es!

Ansío estrecharte y fundirme en tu hoguera
Musitando dulces palabras de amor
De ese amor sincero de un alma que espera
Bañada de encanto, pintada de sol.

Indecible gozo, toque de locura,
Obsesión oblicua, locura tal vez.
¿Será extraño augurio de la unión más pura?
Sea lo que sea ¡qué bonito es!

5. Entre suspiros

Eres la flor primaveral que adorna y enternece mis latidos,
La brújula que orienta mi vida mientras navego en silencio
En la barca de los sueños.

Eres el cálido sol que ilumina mis sentidos
El canto que alegra mis noches tristes
El tenue rocío que acaricia mis desvelos
el porqué de mis batallas, la musa de mis versos.

6. Desde tu llegada

¡Entraste a mi corazón y te quedaste para siempre!
Sellaste su puerta con el acero inoxidable de tu amor
Y cambiaste el ritmo de sus latidos.

Tu llegada me inundó de eterna luz e inagotables recuerdos.
En el cielo que cobija mis sueños
Millones de ángeles que danzan felices
Al saber cuánto te quiero.

Los bambúes del camino se postran ante mí
Para adorarte en mis adentros
Y el viento suave que juega a diario con los cabellos de la noche,
Levanta las copas de los árboles
y brinda por nosotros dos diciendo:
"¡Amor eterno!"

7. Por las orillas de la noche
Te busco en silencio por las orillas de la noche
y al no encontrarte allí
me sumerjo en el transcurrir de las horas
para buscarte bajo el negro manto de la oscuridad,
¡Y nada!

Entonces vienen mil luciérnagas danzando tristemente
y me recuerdan que ya no estás,
que te fuiste detrás de un sueño
al que no renunciarás.

¡Bien por ti, mi reina! ¡Bien por ti!
Alcanza tu sueño, que yo te espero.
Porque es mejor esperar a una hembra que sueña
que estar siempre con una que solo se peina.

Aquel fue el único día en que a Mariani se le agotó su reserva de lágrimas. Lloró de tristeza por el río y lloró de amor por Yandy. Aquel día de tristeza y ternura, en el Ozama desembocaron lágrimas dulces y amargas.

Capítulo X
LA DeSApARICIÓN De LA MOCHILA

*La mochila más importante de un soñador no es
la que pende en su espalda, sino la que lleva en su
mente.*

AL CAeR la tarde de un lindo día en que Yandy fue a La Ciénaga a
visitar a Mariani, ambos decidieron salir a caminar por la calle La
Marina, a unas cuantas decenas de metros de la famosa Avenida
del Puerto. Como de costumbre, él traía consigo su inseparable
mochila adherida a la espalda.

En la periferia de aquel barrio empobrecido y olvidado vieron
muchas realidades tristes: viviendas inhóspitas habitadas por
indigentes, jóvenes viciosos, ancianos harapientos, pies descalzos
de niños huérfanos, niñas que en vez de cuadernos y muñecas
en las manos, llevaban niños en sus vientres.

Al cabo de unos minutos absorbiendo todo aquello, decidieron detenerse a escasos metros del río Ozama. Ella tomó
el manto verde que pendía de su cuello, lo tendió en el suelo y
ambos se sentaron frente a las aguas silentes del río. Yandy se
quitó la mochila de la espalda y la puso justo a su lado.

—Tengo el alma destrozada –dijo Yandy, con notable indignación.

—No hace falta que lo digas, vida mía. Eso es evidente –Respondió Mariani.

Yandy miró a su alrededor y sintió lástima, impotencia y hasta un poco de desesperanza, a pesar de ser un joven esencialmente optimista. Entonces miró a Mariani y lanzó al aire la siguiente pregunta:

—¿Será que esta gente no tiene dolientes?

—Sí tiene, pero no lo son de verdad. Son misteriosos; solo aparecen cada cierto tiempo –le respondió Mariani.

—¿Cómo así?

—Muchas personas que se pasan la mayor parte de sus vidas sumidas en la indigencia, pero cada cuatro años suelen sentir la presencia de ciertas figuras que viven en la opulencia presentándose como nuevos mesías, como sus inminentes redentores, llevándoles migajas de lo que les roban.

—Esa es una realidad muy lamentable –aseguró Yandy, sacudiendo la cabeza.

—¿Y dónde crees que están ahora, esos farsantes?

—Por ahí, devorando los bienes del pueblo y pensando cómo seguir ordeñándolo.

Mariani se quedó pensativa por un momento, como si en su memoria estuviera despertando algún recuerdo. Efectivamente así fue.

—Con lo que acabas de decir hiciste que despertara en mi memoria el recuerdo de una fábula muy interesante –afirmó.

—¿Qué fábula es esa?

—*La fábula de la paloma y la serpiente.*

—¿Me la cuentas?

—Sí, con mucho gusto, mi amado soñador. ¿Qué te parece si caminamos un poco? Caminando puedo recordar mejor.

—Como tú digas, mi reina –respondió Yandy al tiempo que se ponía de pie y extendía su mano derecha para sostener las de Mariani y ayudarla a levantarse.

Tan pronto empezaron a caminar, ella procedió con la narración de la fábula de la paloma y la serpiente, tal y como se la aprendió. He aquí la historia:

En una selva lejana, una paloma buscaba afanosamente qué darles de comer a sus pichones, los cuales yacían en su nido temblando de frío, a merced de los depredadores, aguardando un bocado que parecía incierto.

Cansada de buscar en vano, llena de tristeza y vacía de esperanza, la pobre paloma se posó en la rama más baja de un arbusto, sacudió su pico, y lentamente cubrió su cabeza con ambas alas.

De repente, frente a ella se apareció una serpiente que la había estado observando. Con veloz y audaz movimiento se le acercó bastante, quizás demasiado, y escondiendo su malicia y fingiendo ternura, le dijo:

—Hola, buena paloma.

La paloma reaccionó súbitamente, volando hacia la rama más alta de un frondoso árbol, y desde allí comentó:

—¡Señora serpiente! ¿Desde cuándo me saluda, sabiéndose mi terrible enemiga?

—¿Tu enemiga yo? Nunca lo he sido ni lo seré.

Entendiendo que algo no andaba bien, la paloma comentó para sus adentros:

—Esta tiene que estar loca.

—Aunque te parezca imposible, yo me preocupo por ti y por los tuyos y siempre he querido ayudarte –afirmó el reptil mientras movía intermitentemente su fina lengua.

—¡Ah, sí...! ¿Cómo no? Serpiente que viene a paloma, devorarla quiere.

Consciente de que con palabras no podría cambiar la actitud esquiva de su interlocutora, con su cola, el reptil levantó una pequeña bolsa llena de granos secos, y sonriendo como sonríen los hipócritas, destilando veneno, le dijo:

—Para que veas que quiero ayudarte, mira lo que te traje.

—¡Comida para mis pichones!

—Sí. Comida limpia y sana.

Eso bastó para que la paloma, saturada de necesidades, empezara a confiar en ella.

—¡Oh, amiga serpiente! ¡Qué buena eres! Viniste a saciar nuestra hambre, más o menos por tres días –le dijo.

—Y eso no es nada comparado con todo lo que puedo hacer por ti.

—¿Qué otra cosa podría hacer por mí y los míos?

—Garantizarles comida en tiempos de escasez y protección en este lugar donde impera la inseguridad.

El solo hecho de pensar que ya no tendría que preocuparse por comida ni por los depredadores hizo que la paloma se sintiera muy feliz.

—¿Y yo, qué tendría que hacer para obtener esos beneficios? –le preguntó.

—Pregonar que yo soy una serpiente buena y solidaria, escogerme como tu representante y llevarme a tu nido.

La pobre paloma no dudó en aceptar la propuesta, y esa misma noche le permitió a la malvada serpiente quedarse muy cerca de sus pichones, a los que ésta devoró en silencio tan pronto aquélla cayó en un profundo sueño, del cual despertó solo para saber cómo moría: escuchando el estallido de sus propios huesos quebrados sin piedad, quedando poco a poco sin aliento y dando su último suspiro en las fauces de una farsante.

En una isla muy cercana andan muchos monstruos malignos con aspecto humano. Son mil veces más peligrosos que la serpiente de esta historia, y no buscan mansas plomas, sino personas ingenuas a quienes engañar.

Todo isleño que ame a su familia tiene que estar atento y esquivo, porque de lo contrario podría ser otra víctima de un acercamiento letal.

—¡Oh, Dios! ¡Clientelismo letal! –Afirmó Yandy.

—Así es.

—¡Qué manera de decir la verdad!

—Déjame decirte que a mí me fascinó cuando la escuché por primera vez.

—¿De dónde es el autor?

—No sé. Pero puedo asegurarte que cuando escribió el texto no estaba pensando en la realidad de Singapur, ni en la de Suiza, tampoco en la de Alemania.

Ambos rieron a carcajadas, aunque esa vez sus risas fueron efímeras, porque justo en ese momento vieron a un enajenado mental caminando de prisa con una mochila en las manos, aparentemente abierta y vacía.

—¡Mira, Yandy! Esa mochila se parece a la tuya.

Ambos miraron hacia el lugar donde habían estado sentados un poco antes y se percataron de que ahí no había nada de lo que dejaron, ni mochila ni manto.

—No solo se parece a la mía, sino que lo es –respondió el joven filósofo sin perder la calma.

—¡Oh, Dios mío! No puede ser.

—Cálmate Mariani.

Se dirigieron de prisa hacia donde estuvieron sentados un poco antes. Buscaron por todo el perímetro, entre la grama, en los matorrales, en la acera, en el contén y no encontraron más que el viejo reloj de Yandy cerca de un gato muerto.

Mariani lloraba disimuladamente. Estaba siendo atacada por un terrible sentimiento de culpa. Yandy, en cambio, permanecía sereno, aunque seguía buscando por todas partes esperando encontrar otras de sus preciadas pertenencias. Las esperanzas del joven maestro, poeta y soñador se desvanecieron cuando vio sobre las aguas contaminadas del río, entre lila y desechos de todo tipo, varios folletos, unas cuantas hojas sueltas, una agenda y dos cuadernos con los que se hundían poemas, canciones, ideas sobre proyectos, apuntes acerca de más de un sueño.

—Yo soy la culpable de todo esto –dijo Mariani entre sollozos, mientras se sentaba en el suelo y colocaba la cabeza entre sus rodillas.

—Por favor, vida. No digas eso.

—Sí. Yo fui quien te invitó a caminar. Fui yo quien hizo que te alejaras de tu mochila. Jamás me perdonaré el mal que te he causado. No soportaré verte sufriendo por culpa mía.

Lentamente y con mucha ternura, Yandy se puso de rodillas, tomó las manos de Mariani y le dijo:

—Mi reina, no entiendo por qué te has puesto así. Abre tus lindos ojos, mírame. Yo estoy aquí.

—Sí. Pero una parte de ti se ha ido por culpa mía.

Él la abrazó fuertemente, pero con ternura, y le dijo:

—¿A caso no has notado que estoy tranquilo?

—Sé que estás disimulando para que yo no me preocupe tanto, pero por dentro te mueres de tristeza.

Yandy sonrió, y al tiempo que acariciaba el pelo de su amada, le respondió:

—Tú no te equivocas al pensar que he perdido cosas muy valiosas que no sé si las voy a extrañar. Es muy cierto.

—¿Viste?

—Pero, ¿sabes de qué estoy plenamente convencido?

—No. ¿De qué?

—De que hoy perdí unos apuntes sobre un proyecto importante, pero no las manos con que los escribí ni las ganas de recomenzar; perdí varios capítulos del libro que anhelo publicar algún día, pero no mi inspiración ni mis conocimientos, perdí la mochila que simbolizaba mis sueños, pero no mi capacidad de soñar.

En ese momento la admiración de Mariani hacia Yandy se incrementó significativamente y su amor por él se consolidó. Lo miró enternecida y ya sonriente. Entonces él concluyó diciendo:

—La mochila más importante de un soñador no es la que pende en su espalda, sino la que lleva en su mente. Por lo tanto, puedes estar tranquila, reina mía.

Aquellas palabras llegaron a lo más profundo del corazón de Mariani, hicieron desaparecer de su mente todo sentimiento de culpa y le devolvieron su capacidad de reír.

Cuando el manto negro de la noche empezaba a cubrirlos después de esa experiencia amarga que se convirtió en una importante lección de vida, se dirigieron agarrados de las manos hacia la casa de Mariani, donde una hora después degustaron una rica cena que con todo el amor del mundo, Dominga les tenía preparada.

Y Yandy amaneció allí aquella noche sobre un viejo colchón que tendieron sobre el piso, en el mismo centro de la pequeña sala de aquella modesta casa, donde se notaba la carencia de muchas cosas materiales, pero sobreabundaban la alegría, el amor y los mosquitos.

Capítulo XI
La gran oportunidad

*Convencido de que el éxito no va al encuentro de
nadie, decidió salir a buscarlo.*

Tres años después de que el enajenado mental tiró al río los
valiosos materiales de Yandy, faltando apenas un año para que
Mariani finalizara su carrera universitaria, él recibió un inesperado regalo de parte del profesor Venable: una beca para cursar la
Maestría sobre Liderazgo Transformacional y Trabajo en Equipo,
en una prestigiosa universidad de España.

Yandy sabía que era una de las grandes oportunidades de su
vida. Convencido de que el éxito no va al encuentro de nadie,
decidió salir a buscarlo, aunque el sacrificio fue grande, tanto
para él como para Mariani, quien aprobó sin peros la propuesta.

Salir del país por casi dos años implicaba acudir al Distrito
Educativo competente a solicitar un permiso sin derecho a dis-
frute de sueldo.

Yandy fue a informárselo a la Directora de la Escuela Primaria
de La Gina, donde estaba laborando desde que fue trasladado de
Los Guineos, dos años atrás. Ella era una profesional abnegada,
muy querida por todo el personal docente.

—¡Dos años sin cobrar ni un peso! ¿Pero tú estás loco, muchacho? –le dijo, al enterarse de que ya se aprestaba para dar los
pasos que exigía el protocolo.

—Me dijeron que esas son las reglas y que de lo contrario no podría salir por tanto tiempo.

—Mira, vamos a hacer una cosa. No vayas al Distrito, que yo te voy a buscar una sustituta muy buena y tú le pagas la mitad de tu salario mensual.

—¿Y eso es legal, Directora?

—Lo legal es que los muchachos aprendan y que tú te capacites sin contratiempos ni preocupaciones por lo económico. Si tú te vas al Distrito, lo que me van a mandar es a un vago que posiblemente me provoque dolores de cabeza, y yo no quiero eso.

Yandy se quedó mirándola en silencio mostrando cierta inseguridad, por lo que ella le preguntó:

—¿Andas con la carta?

—Sí, señora. Aquí la tengo –le respondió él mientras se la pasaba.

Ella tomó la misiva y la leyó calmadamente al tiempo que sonreía. Cuando terminó de leerla le dijo:

—La voy a guardar de recuerdo. Vete tranquilo, hijo.

—Directora...

—Vete tranquilo, te dije. Déjame eso a mí.

Yandy sintió que no tenía otra opción y se fue, llevando entre ceja y ceja cierto grado de preocupación.

Capítulo XII
LAS ÚLTIMAS EXHORTACIONES
DEL PROFESOR VENABLE

Un verdadero líder sabe que solo jamás podrá cambiar el mundo y está consciente de que no es eterno.

MIENTRAS PERMANECIÓ en España, Yandy tuvo la oportunidad de encontrarse con el profesor Venable en varias ocasiones, para almorzar o cenar juntos como dos grandes amigos, para conversar acerca de las experiencias obtenidas durante la Maestría, para visitar lugares emblemáticos de ese país, y para escuchar importantes exhortaciones de su mentor.

Antepenúltima exhortación:

Esfuérzate por lograr en tu equipo el cambio todo lo que divide por lo que suma.

En un restaurante de Madrid, después de un rico almuerzo, conversaban acerca de la importancia de la empatía y la sinergia para el éxito del trabajo en equipo. Cuando estaban a punto de levantarse y salir de allí, el profesor Venable le dijo a Yandy:

—Voy a contarte una historia que podría ayudarte a reflexionar acerca de cómo manejar los conflictos que se presenten en tu equipo.

—Adelante, profesor.

Entonces Venable se acomodó en su asiento y procedió con el relato de la siguiente historia:

Hace muy poco tiempo, un reconocido maestro reunió a varios de sus alumnos y les presentó en un video la escena en la cual un burro de color blanco, uno negro y otro marrón, estaban frente a un cerco de madera que les impedía pasar hacia el otro lado, donde les aguardaba una extensa llanura de verdes pastos y aguas limpias.

El burro de color marrón intentó varias veces cruzar por una brecha, y como no pudo se echó a un lado, cediéndole espacio al de color negro, el cual de manera rápida y fácil, con un atinado movimiento de la cabeza logró desprender una de las varas que formaban dicho cerco. Así pudieron cruzar sin más contratiempos.

Concluida la proyección del video, el maestro les dijo a sus alumnos:

—"Quiero que dos de ustedes se pongan de pie y digan qué vieron en la escena que acabamos de proyectar".

—"Yo vi a un blanco inútil que no hizo nada, a un mestizo torpe fracasando repetidamente y a un negro inteligente que logró la libertad de los tres" –afirmó un chico de tez morena y pelo crespo, mostrando cierto aire de orgullo.

—"Yo por mi parte, vi a un mestizo obediente y a un negro sumiso siguiendo las instrucciones de un blanco que no los perdía de vista" –dijo uno de piel clara y ojos azules.

El maestro dejó escapar una serena sonrisa, pidió un aplauso para ambos y entonces dijo:

—"Yo les voy a decir qué vi en el video y qué noté en las palabras de esos dos valientes que se atrevieron a participar".

Pausó brevemente, dio unos cuantos pasos hacia adelante y continuó:

—"En la escena vi a tres individuos distintos que echaron a un lado sus diferencias para superar juntos un obstáculo que se

interpuso entre ellos y un sueño que tenían común, un sueño de libertad. Vi a un equipo en el que cada integrante valoraba el esfuerzo de los demás y esperaba el momento preciso para actuar".

Los alumnos quedaron altamente impresionados.

—"Y en las palabras de los dos queridos alumnos, ¿Saben qué pude notar? Noté que en ellas estaba presente el racismo, uno de los peores enemigos de la paz" –añadió el maestro.

Algunos sintieron indignación y en sus adentros reprocharon a sus dos compañeros.

—"Toda idea, acción u omisión que divide atenta contra el éxito de cualquier proyecto donde haya más de una persona trabajando por el logro de unos mismos objetivos. Eviten caer en las garras del fanatismo y dejarse llevar por cualquier tipo de prejuicio, porque los fanáticos y los prejuiciados, suelen ver lo inexistente y no ver lo evidente" –Concluyó el maestro.

Cuando terminó el relato, Yandy mostró alto grado de fascinación.

—¡Excelente! Me encantó –aseveró.

—Me alegro.

—Me gusta mucho ese estilo. Es increíble la manera en que a través de una historia tan sencilla se puede transmitir un mensaje tan profundo.

—Así es, amigo.

—¿Notaste la diferencia abismal entre las opiniones de los dos alumnos?

—Por su puesto. No creo que sea posible no notarlo.

—¿Puedo hacerte una sugerencia?

—Sí, claro. La recibo con mucha humildad.

—En el ejercicio de tu liderazgo te tocará coordinar muchos equipos. Procura siempre asumir una actitud semejante a la del maestro y haz que cambien todas las perspectivas que traen división por perspectivas que sumen y encaminen al logro de los objetivos en un clima de armonía.

Penúltima exhortación:

Nunca olvides que eres un líder y que como tal unos te siguen y otros te esperan.

Una tarde de un invierno frío, luego de un recorrido por la Catedral de Madrid, el profesor Venable advertía a Yandy sobre los riesgos de tomar decisiones que pueden afectar a otros.

—El liderazgo es un don, una misión, un compromiso, una fuerza poderosa. Quien lo posee debe tener cuidado con esa fuerza, porque así como puede sacar multitudes del pantano, las puede arrastrar hacia lo más profundo de él –le dijo.

—Entiendo.

Al notar en Yandy se quedó pensativo, el profesor Venable lo miró serenamente y le contó la siguiente historia:

Había una vez un atleta de alto rendimiento cuya fama se expandió por todas partes porque además de que nunca había perdido una carrera, se convirtió en un gran líder al que muchos atletas jóvenes trataban de imitar y una gran cantidad de fans lo seguía.

Un día el gran atleta decidió participar en un maratón donde corrieron competidores de tres categorías diferentes. Él, como de costumbre, corrió por el galardón de la categoría A, que era la superior.

Transcurridos unos cuantos minutos en la pista, ya estaba muy agotado; tanto que hasta los dedos de las manos le pesaban en demasía. Ya había avanzado mucho en aquella larga carrera.

En medio de su agotamiento pensó varias veces salirse de la pista y tirarse en el césped, rendido, pues sabía que uno de su categoría, iba delante a una distancia considerable, y ya le resultaba imposible alcanzar el primer lugar, como de costumbre.

Ya tenía un pie sobre el césped, fuera de la pista, cuando escuchó la voz de un atleta de la categoría B que lo alentaba diciendo:

¡Vamos, campeón! Ya estamos cerca.

Eso fue suficiente para que continuara corriendo. Cinco palabras de un atleta de una categoría inferior lo hicieron descubrir cuatro grandes razones por las que debía continuar:

Primera razón: Varios atletas de otras categorías estaban ahí porque él los inspiró, porque querían ser como él.

Segunda razón: No todo estaba perdido. Aún podía alcanzar un lugar importante.

Tercera razón: Junto a la meta habían decenas de admiradores suyos que esperaban su llegada para aplaudirle o sencillamente para saludarlo.

4ta razón: Llegar a la meta era para él un compromiso.

Y Yandy entendió que a veces lo más importante es llegar a la meta y que el galardón menos importante es el trofeo.

Última exhortación:

No tengas miedo de ser reemplazado.

El día en que Yandy conoció La Mezquita de Córdoba, Patrimonio de la Humanidad, quedó fascinado por la sublimidad de sus arcos, sus cientos de columnas, los múltiples detalles góticos y sus toques renacentistas. Pero tal fascinación no fue mayor que la que sintió cuando el profesor Venable le hizo una exhortación importante acerca del liderazgo.

—Mi querido Yandy, evita siempre caer en el error de ver en cada líder emergente a un enemigo que atenta contra ti –le dijo.

—Esa es una actitud propia de gente insegura.

—Cierto. Es asumida por personas que desconfían de sus propias capacidades y le temen a las de los demás.

—Que Dios me libre de ser así.

—Tengo la certeza de que tú eres un verdadero líder, por eso te exhorto a no temerle al reemplazo y esforzarte siempre por dar lo mejor de ti en todo lo que hagas.

—Gracias por la exhortación y por pensar así de mí, profesor.

—Mi estimado Yandy, hay muchos individuos que habiendo cosechado el éxito comenzaron a sentirse perfectos, superiores a los demás; para ellos los otros se convirtieron en estorbos.

—Esos son peligrosos, supongo.

—Sí. Muy peligrosos.

—Entonces me cuidaré de ellos y de ser como ellos.

—Esa es una buena decisión.

Dicho eso, el profesor Venable colocó su mano derecha sobre el hombro izquierdo de Yandy y concluyó el tema diciendo:

—Un verdadero líder sabe que solo jamás podrá cambiar el mundo y está consciente de que no es eterno. Por eso hará todo lo que esté a su alcance para que surjan líderes nuevos, capaces de aportar a la causa. Ama, tolera, crece y deja crecer. Ayudar a los que pueden ser grandes como tú no te empequeñece, te hace más grande aún.

Capítulo XIII
SUeñOS ReALIzADOS

*No ha sido mi benevolencia, sino tu espíritu soñador
lo que te ha llevado a obtener lo que hasta ahora
has logrado.*

Yorbiris sobrevive y triunfa

CUANDO YORBIRIS se levantó de su lecho completamente sana, surgieron abundantes opiniones sobre la posible causa de tal acontecimiento:

Muchos de los que la vieron a punto recibir el beso frío de la muerte aseguraron que fue su fe la que la llevó a recibir un gran milagro; unos dijeron que fueron sus ganas de vivir las que le devolvieron la vida que le estaba siendo arrebatada, y otros se aferraron a la convicción de que sobrevivió porque nunca se desconectó de sus sueños, ya que éstos eran poderosos.

Poco tiempo después de su recuperación, Yorbiris se inscribió en la universidad estatal y se fue a vivir en la Ciudad, en casa de una tía hasta finalizar su licenciatura en Derecho.

Terminó graduándose con los máximos honores y a base de mucho esfuerzo de ella y sus padres, habilitaron una oficina desde donde se dio a conocer por su solidaridad con los que no teniendo recursos suficientes para pagar un abogado, acudían a ella solicitando sus servicios.

No le importó que personas acaudaladas y protegidas de los diferentes gobiernos la amenazaran por defender los derechos de los campesinos que eran víctimas de desalojos arbitrarios por parte de políticos despiadados y oficiales de altos rangos.

El proyecto FUNSCIN inició lentamente realizando algunas actividades, y poco a poco se convirtió en una de las entidades mejor valoradas por los habitantes de Monte Plata. A ella se sumaron muchas personas con inquietudes sociales que aportaban a la causa según sus posibilidades. Entre ellas se destacaron Yandy, Mariani y Randy.

El cambio de Randy: De alcohólico solitario a profesional solidario.

¿Qué fue lo que hizo que Randy cayera en el pozo del alcohol? Era la pregunta que todos en Cuance se hacían. Según su propio testimonio, lo que lo llevó hasta ahí fue la frustración por ver cómo Yorbiris, la persona más admirada por él, se desgastaba en su tétrico lecho.

¿Cuál fue la fuerza que lo movió a cambiar? Su amor profundo, sincero y desinteresado hacia Yorbiris fue lo que lo hizo reaccionar un día en que estaba a punto de iniciar su rutina de ingesta desmedida. Ya tenía la botella destapada cuando reflexionó.

—"Me estoy perdiendo porque ella se pierde, y eso no tiene sentido" –se dijo en voz alta mientras tapaba el embace.

En ese momento, Randy tomó la mejor decisión de su vida: Derramó el líquido en el suelo, tiró la botella, se levantó y se dirigió a casa de Yorbiris, donde lloró por ella, sufrió con ella y de rodillas frente a la cama de la enferma, le pidió a Dios que la levantara de ahí y le prometió que él iba a ser un hombre de bien, que estudiaría igual que ella y que con ella trabajaría por las mejores causas.

¿Cómo llegó él a la fundación? La gratitud lo llevó hasta ahí, y también el deseo de estar cerca de Yorbiris. Con el tiempo se convirtió en un Ingeniero Agrónomo y como tal sirvió a los campesinos desde FUNSCIN, dando asesorías y coordinando proyectos agrarios muy exitosos. Todos creyeron que en algún momento él y Yorbiris se casarían, pero eso nunca sucedió.

Mariani: Paradigma de esfuerzo y superación.

Mariani fue reconocida entre todos sus allegados como la joven enamorada de un sueño que decidió posponer sus otros amores para ir en busca de la obtención de aquello con que soñaba.

Su actitud positiva y su deseo de superación la encaminaron hacia el éxito que un día salió a buscar. El apoyo de sus padres fue clave y el haber conocido a Yandy determinante.

Dos años después de graduarse de Doctora en Medicina y ejercer con alegría y calidad como médico general, hizo una especialidad en Pediatría.

Fueron muchos los reconocimientos que recibió por su encomiable desempeño donde quiera que laboró, pero nada de eso la hizo sentir tan feliz como las sonrisas de los niños que ayudaba desde FUNSCIN.

Yandy: Esposo feliz, catedrático universitario, escritor prominente y destacado conferencista internacional.

Un año después de que Yandy regresó de España tras cursar exitosamente la Maestría, contrajo matrimonio con la Doctora Mariani, el gran amor de su vida.

La boda fue tan sencilla como las almas de la pareja, pero muy concurrida. Acudió tanta gente que la mayoría no pudo entrar a la pequeña capilla decorada por dentro y por fuera con miles de cayenas y flores de amapola y flamboyán, tal y como propuso el novio.

Estando en la recepción, impulsado por la curiosidad, el sacerdote que bendijo el matrimonio se le acercó a Yandy y le preguntó discretamente:

—¿Por qué aquellas flores tan comunes en una fiesta tan especial?

—Entre amapolas la conocí, una cayena adornaba su pelo aquel día, y para nosotros dos no existe una flor más linda que la del flamboyán –le respondió Yandy.

—Entiendo, y admiro sus gustos extremadamente economizadores.

Ambos echaron a reír mientras brindaban con agua de coco, no porque no hubo otro tipo de bebida, sino porque el sacerdote no tomaba alcohol.

Pocos meses antes de eso, ya el filósofo se había convertido en docente universitario. Sentía una alegría inmensa impartiendo Introducción a la Filosofía, Antropología Cultural y Antropología Filosófica en la Universidad pública de su país natal.

Allí, en las aulas de esa institución, Yandy siempre dedicaba tiempo para motivar a sus alumnos a soñar en grande, a defender sus sueños y a no claudicar ante las adversidades de la vida. Procuraba ayudarles a entender que sin grandes batallas no pueden haber grandes conquistas.

En menos de dos años, escribió dos libros muy interesantes: *Filosofía en Cucharita* y *Relatos para soñadores*. Con uno logró que los estudiantes vieran la Introducción a la Filosofía como una asignatura interesante y muy útil para la vida, con el otro ayudó a muchos jóvenes a descubrir las alas de sus sueños, echarlos a volar y seguirlos con determinación.

El día de su cumpleaños número treinta y seis, Yandy se encontraba en su vivienda, ubicada en un residencial de la Ciudad. Después de dormir a su primogénito Yandy Daniel, lo acostó en su linda cuna de color blanco, se dirigió a la terraza, se sentó en una mecedora y allí se puso a recordar vivencias otrora compartidas con su amigo soñador que murió camino al éxito.

De repente entró una llamada al teléfono residencial. Era el profesor Venable Benavides, quien sin tiempo que perder lo felicitó y le ofreció un regalo inesperado.

—En este día tan especial para ti, quiero ofrecerte un regalo –le dijo.

—¿Sí? Muchas gracias, maestro.

—¿Quieres saber de qué se trata?

—Si le digo que no, miento.

—Bien. Antes de informarte de qué se trata, quiero solicitarte de todo corazón que si no te interesa mucho, no lo aceptes. ¿Vale?

—De acuerdo.

—Tengo un espacio muy especial para ti en mi compañía.

Yandy se puso nervioso, creyó que entendía, pero también pensó que podría tratarse de algo distinto a lo se estaba imaginando.

—Discúlpeme, pero no acabo de entender.

—Quiero que seas mi socio, Yandy. Necesito de una persona cualificada que me ayude con eso de las conferencias internacionales. Yo ya me estoy poniendo viejo y cada día me siento más agotado; no me hace bien estar viajando tanto.

—¡Gracias, profesor! ¡Oh, Dios! ¡Qué regalo!

—Eso significa que lo aceptas. ¿Cierto?

—¿Y cómo no voy a aceptarlo, si ese es otro de mis sueños más preciados?

—Sí. Sé que ese es uno de tus grandes sueños y tengo la certeza de que lo harás igual o mejor que yo, por eso te estoy pidiendo que seas mi socio.

—Gracias de nuevo.

—Quiero que nos veamos el martes de la próxima semana a las diez de la mañana. Si te parece bien, en el lobby del hotel donde conversamos por primera vez, vamos a un restaurante y ahí establecemos los términos del acuerdo. ¿Vale?

—Sí, profesor. Pero esta vez yo pago.

—Que así sea, entonces.

La alegría de Yandy al sentir que la vida le estaba sonriendo era inmensa. En silencio le Dio gracias a Dios y entonces le dijo a su mentor:

—Profesor, siempre le estaré agradecido por todo lo que ha hecho por mí. Con sus valiosas exhortaciones, la beca y ahora esta grandiosa oportunidad de trabajo me hace sentir más que privilegiado.

—No ha sido mi benevolencia, sino tu espíritu soñador lo que te ha llevado a obtener lo que hasta ahora has logrado. Espero que sigas soñando en grande y que nunca dudes en ayudar a jóvenes como tú para que puedan lograr la realización de sus sueños. Lo que yo hice por ti, ya alguien lo hizo conmigo. Espero que esa cadena no se rompa en tus manos.

—Le aseguro que en mis manos no acabará. Gracias de nuevo, maestro.

Se despidieron cortésmente. Al colgar el teléfono, Yandy bailaba de emoción.

Pocos meses después, Yandy empezó a dictar conferencias por varios países de habla hispana. Donde quiera que iba, la gente quedaba fascinada por los contenidos, por sus convicciones y por la energía que transmitía en cada una de sus palabras.

Sus constantes viajes y el compromiso con la Universidad le impedían dedicarle mucho tiempo a FUNSCIN, pero él y Mariani siempre hacían aportes significativos a la entidad sin fines de lucro.

Uno de sus aportes mejor valorados fue gestionar la donación de una casa de acogida para estudiantes universitarios residentes en zonas rurales con dificultad para trasladarse a la Ciudad.

La misma tenía capacidad para albergar quince jóvenes a la vez. Así no tenían que emigrar familias enteras para lograr que uno de sus miembros se hiciera profesional.

Cada vez que Yandy realizaba alguna obra altruista, sentía un gozo indescriptible. Fue así como llegó a entender la frase bíblica que se encuentra en el libro de los Hechos: *Hay mayor alegría en dar que en recibir*. Para él dar se convirtió en la mejor forma de agradecer por todo lo recibido.

La historia de Yandy tuvo un final feliz porque él siempre estuvo convencido de una gran verdad, que es esta:

Los que sueñan, siguen sus sueños y perseveran en la lucha por ellos, los pueden convertir en realidad; Los que vislumbran el éxito y salen a su encuentro, solo ésos lo pueden abrazar.

¡Que vivan la vida y los sueños!

Esta edición de *La mochila del soñador*, consta de una tirada de 1,000 ejemplares y se terminó de imprimir en el mes de septiembre de 2019, en Santo Domingo, República Dominicana.